河出文庫

史上最強の哲学入門

飲茶

河出書房新社

まえがき

「哲学初心者や、哲学を学ぼうとして何度も挫折した人向けに、三〇人ぐらいの哲学者を一人一人紹介していくような気軽に読める入門書を書いてほしい」

当初、著者のもとにきた執筆依頼はこのようなもので、まず著者はこう思いました。

「紹介形式の入門書か。書店の哲学入門コーナーでよくある定番のスタイルだよね。さくっと簡単に書けるでしょう」

そう考えていた時期が僕にもありました。

しかし、実際に執筆に取りかかってみるとまったく想像と違い、苦戦の連続。「ソクラテスは何年にどこで生まれて、『無知の知』と言った。それはこういう意味だ……」「デカルトは『我思う、ゆえに我あり』と言った……」などと哲学知識を易しい言葉で書き綴っても、なんだかしっくりこない。やっぱりどうしても、どこかで見たような定番の入門書になってしまう。いや、それはダメ。せっかく書く機会を得たのだから、今までにない「史上最高の哲学入門書」を目指して書くべきではないか！　では、どうすればいい。今までの哲学入門書には何が足りなかったのだろうか？

結論を先に言うなら、**「バキ」**分が足りなかったのです。

よもや「バキ」を知らない人はいないとは思いますが、念のため説明すると『バキ』とは『グラップラー刃牙』に始まる、格闘技を題材とした人気漫画シリーズの一作です。その『バキ』の作中で、世界中から一流の格闘家たち（ヘビー級ボクサー、プロレスラー、中国拳法家、あとムエタイとか）が東京ドームに集まり、最強の称号を手に入れるため戦いを繰り広げるというストーリーがあります。

「史上最強の男を見たいか!」

「おおおおおおお!!」

最強を目指して、戦い続ける男たちの物語。そういった熱い展開、テイストを哲学入門書に持ち込んだらどうだろうかと考えました。**格闘家**と**哲学者**、両者は、一見まったく正反対の人種に思えるかもしれませんが、実のところ、格闘家が**「強さ」**に**一生をかけた人間たち**であるように、哲学者も**「強い論**（誰もが正しいと認めざるを得ない論）**」**の**追究に人生のすべてを費やした人間たち**なのです。たとえばある哲学者が強い論を提示して人々をガツンとやり、その論で世界中を席巻《せっけん》し最強の称号を得たと思ったら、別の哲学者がやってきて、それと対立するさらなる強い論を提示して叩《たた》き潰《つぶ》してくる。その流れは、まさに格闘技漫画の展開そのもの。すなわち、哲学史とは、知の領域において、強さと強さをぶつけ合い、研鑽してきた戦いの歴史なのです。

「史上最高の真理を知りたいか!」

「おおおおおおお!!」

これで自分が目指す哲学入門書のコンセプト、**「より強い論を求め、知を戦わせてきた男たちの情熱の物語」**が決まりました。

哲学者入場！

哲学の聖地、東京ドーム地下討議場では、
今まさに史上最大の哲学議論大会が行われようとしていた……。

「史上最高の『真理』を知りたいか――――ッ！」

観客「オ――――！」

「ワシもじゃ、ワシもじゃみんな！」

「全哲学者入場!!」

神殺しは生きていた！　さらなる研鑽を積み人間狂気が甦《よみがえ》った！
超人!!　**ニーチェだァ――――!!**

近代哲学はすでに私が完成している！　**ヘーゲルだァ――――!!**

経験されしだい還元しまくってやる！　現象学の開祖　**フッサールだァッ!!**

哲学・科学なら我々の歴史がものを言う！　自然哲学者　**デモクリトス!!**

「存在」の不変を知らしめたい！　**パルメニデス！**

著作は三部作未完だがケーレ（転回）ならお手のものだ！　ナチスの鉄拳　**ハイデガーだ!!**

方法的懐疑は完璧だ！　近代哲学の父　**デカルト!!**

真理のベスト・ディフェンスは神学の中にある！
スコラ哲学の神様が来たッ！　**トマス・アクィナス!!**

議論なら絶対に敗けん！　相対主義の話術みせたる！
ソフィスト　**プロタゴラスだ!!**

ア・プリオリ（先験的）な総合判断ならこいつが怖い！
哲学界のコペルニクス的転回　**カントだ!!**

熱帯から人類学者が上陸だ！　構造主義　**レヴィ＝ストロース!!**

楽しく生きたいから哲学者になったのだ！　真の幸福を見せてやる　**エピクロス!!**

冥途の土産に「真理」とはよく言ったもの！　達人の問答が今、議論でバクハツする！

ギリシア流産婆術　**ソクラテス先生だ――!!**

哲学者こそが地上最高の代名詞だ！　まさかこの男が来てくれるとはッッ！

哲人王　**プラトン!!**

儲けたいからここまで来たッ！「見えざる手」の根拠、いっさい不明！

アダム・スミスだ!!

オレたちは言語学で最強なのではない。哲学で最強なのだ！

ご存じ、近代言語学の祖　**ソシュール!!**

哲学の本場は古代ギリシアにある！　オレを驚かせる奴はいないのか！

ヘラクレイトスだ!!

デカァァァァいッ!!　説明不要!!　**哲学界の大巨人**　アリストテレスだ!!

哲学は実践で使えてナンボのモン！　超道具主義哲学！

本家プラグマティズムから　**デューイの登場だ!!**

国家は王のもの、邪魔する奴はリヴァイアサンで思いきり殴るだけ！　**ホッブズ!!**

真理を探しに宗教へ入ったッ！　**教父アウグスティヌス!!**

他者論にさらなる磨きをかけ〝イリヤの空〟**レヴィナスが帰ってきたァ！**

今の自分に差延《さえん》はないッッ！　脱構築**デリダ!!**

東洋四千年の哲学が今ベールを脱ぐ！　印度からゴータマ・シッダールタだ！

信者の前でならオレはいつでもキリストだ！
燃える教祖**イエス・ベン・ヨセフ本名で登場だ!!**

主教の仕事はどーしたッ！　知覚の炎、いまだ消えずッ！
「在る」も「無し」も思いのまま**バークリーだ！**

特に理由はないッ！　科学が真理なのは当たり前！　王立協会には内緒だ！
科学の神様！　**ニュートンが来てくれた――!!**

サン＝ジェルマン通りで磨いた実存哲学！
実存主義のデンジャラス・ロシパリ　**サルトルだ!!**

実存だったらこの人を外せない！　**超Ａ級反逆児キルケゴールだ!!**

超一流経済学者の超一流哲学体系だ！　生で拝んでオドロキやがれッ！
共産主義の妖怪マルクス!!
経験論はこの男が完成させた！　イギリス経験論の切り札
ヒュームだ!!
ダメ人間が帰ってきたッ！　お尻を出した子、一等賞（チャンピオン）！
人民は君の著作を待っていたッ！　**ルソーの登場だ————ッ!!**

以上の哲学者によって、哲学議論大会を行いますッ！

観客「アリガトォオオ」
観客「アリガトオオオッ」
観客「サイコーだ〜〜〜〜」
飲茶「アリガトオオオッ」
観客「アリガト————ッ」
観客「アリガトオオオッ」

CONTENTS

第二ラウンド　国家の『真理』
――僕たちはどうして働かなきゃいけないの？

CONTENTS

第三ラウンド　神様の『真理』
――神は死んだってどういうこと？

第四ラウンド　存在の『真理』
――存在するってどういうこと？

古代哲学（始まりの時代）

	ヘラクレイトス（B.C.540頃～B.C.480頃）	ギリシア文化の全盛
B.C.500	パルメニデス（B.C.515頃～B.C.450頃）　プロタゴラス（B.C.485頃～B.C.410頃）	
	ソクラテス（B.C.469～B.C.399）　デモクリトス（B.C.460頃～B.C.370頃）	
	プラトン（B.C.427～B.C.347）	仏教成立
B.C.300	アリストテレス（B.C.384～B.C.322）　エピクロス（B.C.341～B.C.270頃）	
	イエス・キリスト（B.C.4頃～A.D.30頃）	
A.D.		ローマ帝国全盛

中世哲学（信仰の時代）

300	アウグスティヌス（354～430）	
		ムハンマドのイスラム教成立（622）
1200	トマス・アクィナス（1225頃～1274）	
1400		活版印刷の発明（1450年頃）コロンブスが新大陸発見（1492）

近代哲学（理性の時代）

	ホッブズ（1588～1679）　デカルト（1596～1650）	ルターの宗教改革（1517）
1600	ニュートン（1642～1727）　バークリー（1685～1753）	
1700	ヒューム（1711～1776）　ルソー（1712～1778）	
	アダム・スミス（1723～1790）　カント（1724～1804）	イギリス産業革命
	ヘーゲル（1770～1831）	フランス革命（1789）

現代哲学（反理性の時代）

1800	キルケゴール（1813～1855）　マルクス（1818～1883）	
	ニーチェ（1844～1900）　ソシュール（1857～1913）	
	デューイ（1859～1952）　フッサール（1859～1938）	
	ハイデガー（1889～1976）	
1900	サルトル（1905～1980）レヴィナス（1906～1995）	第一次世界大戦（1914～1918）
	レヴィ=ストロース（1908～2009）	中国共産党成立（1921）　第二次世界大戦（1939～1945）
	デリダ（1930～2004）	ベルリンの壁崩壊（1989）

第一ラウンド

真理の『真理』

——絶対的な真理なんてホントウにあるの？

ワーッ

真理を目指して何が悪い！

人間として生まれたからには、
誰だって一度は、「絶対的真理」を求める。
「真理」など一瞬たりとも夢見たことがない、
そんな人間は一人として
この世に存在しない！

それが「真理」だ！
ある者は生まれてすぐに！
ある者は厳しい現実に！
ある者は難解な学問に屈して！
それぞれが真理を掴むことを諦め、
それぞれの道を歩んだ！
派遣社員、政治家、ニート、漫画家、
フリーター、パイロット、サラリーマン……、

しかし、
最後まで諦めなかった者がいる！

この地上で誰よりも！
誰よりも、真理を望んだ、
偉大なるバカヤロウたち！

［古代］
相対VS絶対 宿命バトル開始
プロタゴラス
ソクラテス

［近代］
真理を目指した男たちの挑戦
デカルト
ヒューム
カント
ヘーゲル

ワーッ

［現代］
真理の正体がついに明らかに!?
キルケゴール
サルトル
レヴィ＝ストロース
デューイ
デリダ
レヴィナス

ワーッ

入場！

Philosopher

01

論戦不敗の相対主義者

プロタゴラス

得意技 相対主義

紀元前485年頃〜紀元前410年頃
出身地：ギリシア
貴族のように洗練された服装、優雅な暮らしぶり、自信に満ちあふれた教養人として、当時ソクラテス以上のカリスマ的人気を誇った。

絶対的な真理なんかない

プロタゴラス

真理っていったい何だろう？　絶対的な究極の真理なんてホントウにあるのだろうか？

「絶対的な真理なんてそんなものはない！　価値観なんて、人それぞれさ！」

いきなりのミモフタモナイ結論（笑）。

こういった絶対的真理を否定し、「人それぞれだよ」という考え方を**相対主義**と呼ぶ。実は、人類が真理について初めて哲学し、辿《たど》り着いた結論が、このミモフタモナイ相対主義だったりする。

それは紀元前の遠い昔のこと。遥《はる》かの昔、人間たちは、身の回りのわからないことはみな、**神話**による説明で済ませてきた。ようするに「よくわからないけど、とにかく神様がやってんだよ」という説明の仕方である。たとえば、「カミナリはなぜ起こるの？」という不思議があったら、「あの山に住んでる神様が浮気して、奥さんを怒らせたからさ」と説明するような感じだ。

今でこそ、「そんなの何の説明にもなっていない、ただのヨタ話だ」と笑い飛ばせるかもしれない。だが、実際のところ、こういった神話を「ホントウだろうか？」と疑うことは、当時としてはとても難しかった。だって、お父さんも、おじいちゃんも、そのまたおじいちゃんも、先祖代々ずっと信じてきたことなのだ。そして、自分自身も子供の頃から、ずっとそれを教え込まれてきたのである。そんな神話をどうして疑うことができるだろう。つまるところ、当時において神話とは先祖代々、引き継いできた「共通了解」、いわば「常識」のようなものであったのだ。

だから、「それ（神話）がウソでした」なんてことはありえない。それは僕らで言うところの、「地球は、宇宙にプカプカ浮かぶ青い星」という「当たり前のみんなの常識」が「実はウソでした」と言われるのと同じ話である。それがウソだったとしたら、先祖代々、僕たちがやってきたことはいったい何だったというのだろう？　そんなことはありえない！　絶対にありえないのだ！

だが、やがて人類は、その「神話への確信」が崩壊する事態に見舞われることになる。

きっかけは農耕だった。狩猟《しゅりょう》生活から農耕生活へ。今まで狩りをして、その日暮らしをしていた人類は、農耕により安定して大量の食料を確保することに成功する。食料さえあれば、子供をたくさん産んで育てることができる。こうして人類は、農耕をきっかけとして爆発的に人口を増加させ、村を町へ、町を都市へと発展させていき、ついには巨大な都市国家（ポリス）を形成するまでにいたるのである。

そして、その都市国家も時間とともにどんどん大きくなっていく。するとどうなるか。最終的には、広がりきった都市国家の活動範囲は、遠い地方の別の都市国家と交《まじ》わるようになる。つまり、「今まで決して出会うことのなかった遠くの人間同士が、互いに出会って交流を持つ」という人類史上初の新しい事態が生じたのである。

農耕前後の広がり

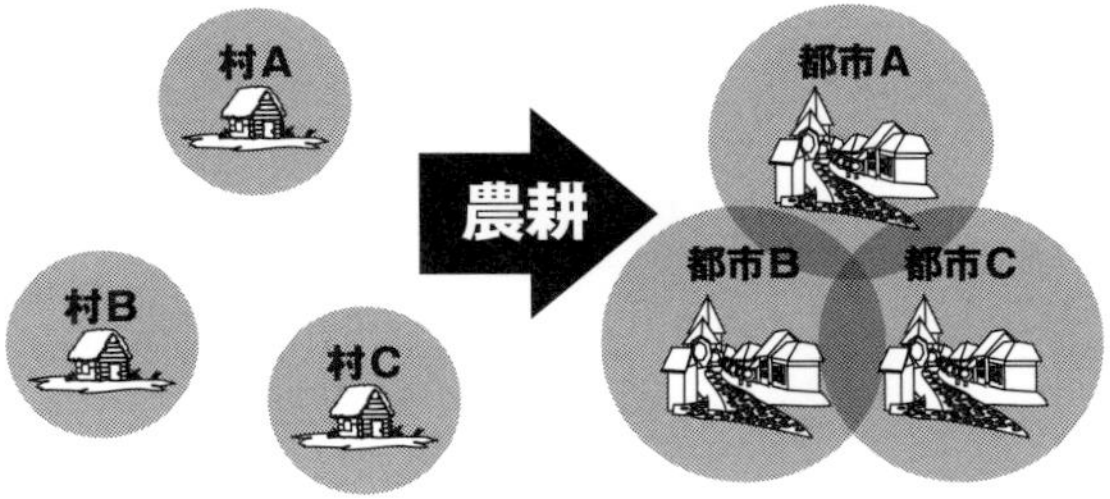

都市の形成によって未知の人間同士が交流を始めた

そのとき、神話を信じる人類にとって、「驚くべき事実」が突きつけられることになる。それは、「それぞれの国で、神話の内容がすべて違う」という衝撃の事実であった。

「カミナリってのは、あの山の神様が、奥さんと喧嘩《けんか》したときに起こるんだよね」

「え！　うちの国は違うよ！　神様が悪魔を倒すために巨大なハンマーを振るうと出るんだよ！」

「ちょっと、待って！　おれの国は、また全然違うぞ！」

こんなふうに、それぞれの国で話が違えば、みんなだんだんと気がつき始める。

「あれ？　もしかして、神話って、全部ウソなんじゃないか……？」

それまで自分たちの国で「絶対的に正しい」とされてきた理論や常識。それが、ただのウソっぱちの創作物にすぎなかったときの衝撃を想像してみてほしい。彼らは、ガックリときた。

そして、神話だけではない。「正義とは何か」という価値観も、「何が犯罪であるか」という法律も、国それぞれで違うことにも、人間たちは気がつき始める。

たとえば、ある国では、仇討《あだう》ちはとても素晴らしい立派なこととして賞賛される行為であるが、別の国では、復讐心に狂ったただの殺人者として非難される犯罪行為となる。まったく同じ行為なのに、場所によって正義になったり犯罪になったりするのだ。

そういった違いを目の当たりにすれば、「自分たちの国の中で絶対だと思われていた真理」に対して、誰だって懐疑を抱《いだ》くようになるだろう。そして、ついには「絶対的な真理なんてないんだ」と言いだし、「何が正しいかなんてことは、人や場所や時代によって変わるもので、相対的（人それぞれ、国それぞれ）なものにすぎないのさ」という相対主義の結論にいたるのである。

人間は万物の尺度である

そんな「神話」という絶対的な価値観が崩壊してしまった時代において、相対主義を代表する哲学者が**プロタゴラス**（紀元前四八五年頃―紀元前四一〇年頃）である。

彼は、「**人間は万物の尺度である**」と唱《とな》えた。

たとえば、あるコップの中に、あなたにとって「冷たい水」が入っていたとする。では、「このコップには冷たい水が入っている」と断言してもいいだろうか？　いやいや、必ずしもそうだとは言えない。なぜなら、極寒の雪景色の中にいる人が、同じ水に手を入れたら「温かい」と言うだろうからだ。こんなふうに、水の「冷たい／温かい」一つをとってみても、それらは人それぞれの相対的なもので、絶対的な「冷たい／温かい」を決めることなんてできないのである。

それと同様に、プロタゴラスは、「善悪」「美醜」などといった概念についても、人それぞれであり、決めることはできないと主張した。それらの概念は、それぞれの人間が自分の尺度（価値観）で勝手に決めたものにすぎないのだ。だから、「これが正しい！」とか「おまえのやってることは悪いことだ！」なんて言ってる人がいても、それは所詮《しょせん》、自分の尺度（価値観）を他者に押しつけているだけなのである。

さて、こういったプロタゴラスの相対主義哲学は、特に政治家たちの間で大人気となった。というのは、プロタゴラスが生きていた古代ギリシアでは、広場に民衆を集めて政治家同士で公開討論を行うという風習があり、プロタゴラスの相対主義哲学は――そういった場で議論相手を打ち負かすのにとても有効だったからである。

だって、相対主義を使って、うまいこと「価値」の基準をずらせば、どんな「冷たい水」であっても相対化して「温かい水」だといえるのと同様に、どんな「ひどい主張」であっても相対化して「素晴らしい主張」のように見せかけることができるのだ。また、逆に、相手のどんな「素晴らしい主張」でも「ひどい主張」に見せかけることだってできる。たとえば、「地方の弱小国家を攻め滅ぼして、奴隷として連れ去りたい」というのが本音のひどい主張であっても、「文明から取り残されたかわいそうな未開人を、聡明な僕たちギリシア人が救ってやるんだ！」と涙ながらに叫べば、さも素晴らしいことのように見せかけることができるし、逆に、相手が同じことを言ったら、「なんてキミは非人道的な人間なんだ！　相手を自分の家族に置き換えてごらんよ！　キミは同じことができるのかい！」と涙ながらに叫べば、さもひどいことのように見せかけることができるのである。

その当時、古代ギリシアは民主主義国家であったから、政治家たちとしては、選挙権を持つ民衆の面前で、政敵に論破されて恥をかくわけにはいかなかった。だから、どんな主張でも覆《くつがえ》し、黒を白に、白を黒に、見せかけることができるプロタゴラスの相対主義哲学は、最強の議論テクニックとして重宝されることになったのである。


「真の議論とは！　ご教授ください！　プロタゴラス先生！」


こうして大勢の政治家たちが、プロタゴラスから相対主義哲学を学ぼうと、彼のもとに殺到する事態となり、その結果、プロタゴラスの授業の報酬は、うなぎのぼり。なんと一回の講義で、軍艦が買えるほどにまでつり上がったと言われている。

以上のような背景から、古代という世界においてプロタゴラスの哲学は広く受け入れられることとなり、世間の風潮は、「人それぞれさ」という相対主義の方向に流れていったのである。

なんとなく現代人の感覚からすれば、昔の人々は迷信ばかりを信じていて頭が固く、一方、現代人は広い視野を持っていて物事を相対的に考えることができる……と思いがちであるが、実はそれは大きな間違い。「価値観なんか人それぞれさ」という相対主義的な考え方なんか、人類は、もう二〇〇〇年以上も昔にとっくに通過しているのである。

Philosopher
02
ソクラテス
真理に殉じた最強の論客

得意技
無知の知

紀元前469年～紀元前399年
出身地：ギリシア
妻クサンティッペに頭が上がらず、「結婚したまえ。良妻を得れば幸福になれるし、悪妻を得れば哲学者になれる」という名言を残す。

無知を自覚することが真理への第一歩
ソクラテス

プロタゴラスの「絶対的な真理などない、真理とは相対的なものである」という相対主義哲学。それは、現代人の僕たちからすればとても共感できる考え方のように思えるかもしれない。たとえば、「これこそが絶対的真理だ！」と主張する人よりも、「人それぞれだよね」と言う人の方が、柔軟で視野の広いマトモな思考の持ち主のように見えるのではないだろうか。

だが、実際のところ、この「人それぞれ」の相対主義は、ある困った弊害《へいがい》を生み出すことがある。それは「人それぞれで、絶対的な真理なんかないんだから、そんなもの目指さなくてもいいんだ」となって、「真理を求める熱い気持ち」を失ってしまうということだ。

そもそも「絶対的な真理なんてないよね」と言ったって、やっぱり僕たちは「なんらかの正しさ」を見つけていかなくてはならない。どう生きるべきか、どう死ぬべきか、国家はどうあるべきか、なんのために働くのか、そういうことを考えて生きていかなくてはならない。それに、水の「冷たい／温かい」は人それぞれだから絶対的に決められないとしても、もし、銭湯のような共同風呂があったら、やっぱり「一番最適な理想の温度」を一生懸命考えて、問いかけていかなければならない（そして、えてして世の中は共同風呂のようなものである）。

だが、相対主義の考えを推し進めて堕落《だらく》してしまうと、「何事も絶対的に決められないんだからさー、適当でいいんじゃなーい？」とさじを投げてしまい、一生懸命考えることを放棄してしまう可能性があるのだ。

それは、特に民主主義国家の場合には致命的である。民主主義では、基本的に投票という「多数決」が重視されるわけだが、多数決が有効に働くためには、事前に人それぞれの正しさや価値観や信念をぶつけ合って議論し尽くす必要がある。そうしてはじめて投票という多数決は、「おさまるところにおさまる」ように機能する。だが、みんなが「正しさ」や「こうあるべき」などの「自分の考えを決めるための価値観」を持っていなければ、多数決は有効には働かない。結局のところ、みんながなんとなく多数決に参加するわけだから、クチのうまい雄弁な政治家、すなわち「もっともらしく話をするだけの煽動《せんどう》政治家」の意見ばかりが採用されるようになっていく。つまり、民主主義は、その場のノリで物事や権力者が決まる無責任な**衆愚政治**へと成り下がってしまうのである。

紀元前四〇〇年頃の古代ギリシア。この古代の民主主義国家においても、同様のことが起こっていた。

「国家のため！　正義のため！　みんなの幸せのため！　断固たる決意を持って抜本的改革を！」

プロタゴラスから相対主義の哲学を学んだ政治家たち。彼らは、見せかけだけの言葉を上手に操り、民衆たちから人気を得る術《すべ》を十分に心得ていた。彼らは、決して民衆に向かって真面目に政治の話なんかしたりはしない。だって、真面目に政治を語って、政治に興味のない民衆を退屈させるよりは、ただ耳に聞こえのいい、内容のないキャッチフレーズを繰り返した方が受けがいいに決まってるからだ。

それにライバルの政治家たちは、みんな相対主義を学んでいるわけだから、下手に「こうあるべきだ！」「こうしよう！」なんて具体的にはっきりと語ったら、相対的な価値観であっさり反論されて、窮地《きゅうち》に追い込まれてしまう。だったら、明言を避けて「抜本的改革を！」とか中身のない、なんとでもとれる、おためごかしの決まり文句や政敵の悪口でも言ってた方がよっぽどマシである。落選（無職）のリスクを背負ってまで、真面目に政治のことを語るなんて、まったくバカバカしいのだ。

最強の論客

そんなどうしようもない衆愚政治の国家に鉄槌《てっつい》をくだす男が現れる。**ソクラテス**（紀元前四六九年—紀元前三九九年）である。ソクラテスは、自らを「大きな馬にまとわりつく虻《あぶ》」と称し、いい加減な政治家たちをガツンとやっつけようと彼らに論争をしかけた。

だが、相手は、相対主義を駆使した弁論術を操る、当時最強の論客たちである。まともに議論をしても、相対主義の詭弁《きべん》に振り回されて終わるのが関の山だろう。そこで、ソクラテスはある巧妙なやり方を考えた。

彼はまずバカのふりをして出て行き、「今、正義って言ったけど、正義って何ですか？」という具合に相手に質問をするのである。それで相手が、たとえば「それはみんなの幸せのことだよ」などと答えたら、「じゃあ、幸せって何ですか？」とさらに質問を続けていく。これを繰り返せば、相手はいつか答えにつまるようになるだろう。そこで、すかさず「答えられないってことは、あなたはそれを知らないんですね。知らないのに今まで語っていたんですね（笑）」と思い切りバカにするのである。

ようするに質問し続ける限りは、質問者は常に攻め側で安全だが、逆に質問される側は矛盾しないようにがんばって回答しなければいけないので、長く議論をしていけば、いつかは攻め側である質問者（ソクラテス）が有利になるという話だ。こんなふうにソクラテスは「〇〇って何ですか？」と質問し続け、相手がボロを出したら反論しまくるという戦法で、偉い政治家たちを次々と論破していったのである。

ソクラテスは、なぜそんなことをやったのだろうか？　彼自身も述べているが、政治家にケンカを売ったところで、一銭の得にもならない。むしろ彼らから恨まれるだけである。それなのになぜ彼はこんな反則じみたやり方で、政治家たちに恥をかかせたのだろうか？

それは、ソクラテスが相対主義を是《ぜ》とせず、絶対的な価値、真理といった「ホントウの何か」を人間は追究していくべきなのだ、という熱い信念を持っていたからである。彼は、「価値観なんて人それぞれさ」を合言葉にホントウのことを追究しない世の中、見せかけだけの言葉で満足してしまっている世の中が許せなかった。そして、なんとかしたかった。だから、彼は、相対主義の思想に傾いた世界をひっくり返そうと一人奮闘し、相対主義を信奉する政治家たちにケンカを売っていたのである。

そんなソクラテスは、例の反則技で相対主義の連中をコテンパンに打ちのめしたあとで、街の人々にこう問いかけた。

「ホントウに正しいこと、ホントウの善とは何か？　偉い政治家たちは、それをさも知っているかのように雄弁に語っていたが、実のところ何もわかっていなかった。もちろん、私も全然わかっていない。じゃあ、そもそも、ホントウの善っていったい何だろう？」

ここで重要なのは、ソクラテスはいわゆる偉い知識人たちのように知ったかぶりをして「これこれがホントウの善だ」などと、自説を押しつけがましく語ったりはしなかったことだ。それどころか、彼は「私は真理について何も知りません」と自らの無知をさらけ出し、「だから、一緒にそれを考えようよ」と道行く人々に話しかけたのである。ソクラテスが自分の無知を告白したという話は、今では**無知の知**という言葉で知られており、学校の教科書にも出てくる有名なエピソードである。よくこの言葉を「ソクラテスは、自分自身の無知を知っているから、無知を自覚していない知識人たちよりも賢い」という解釈で覚えてしまう人が多いが、決してこの言葉を「知らないということを知ってる謙虚な人は偉い」といった、ちょっと気の利いたレトリックや教訓として捉《とら》えるべきではない。「無知の知」という言葉のホントウの意味は、ソクラテスの行動原理を考えれば明らかである。

つまるところ、彼は、ただとにかく「真理」が知りたかった。そして、それを知ろうともしない世界に対して反逆したかった。そんな彼が、なぜ偉い知識人たちの無知を暴き出そうとしたのかといえば、それは彼が**無知の自覚**こそが**真理への情熱**を呼び起こすものだと考えていたからである。

当たり前の話だが、「知っている」と思っていたら「知りたい」と思うわけがない。「知らない」と思うからこそ「知りたい」と願うのである。

「だから、まず自分が何も知らないと認めるところから始めよう！」

これがソクラテスの「無知の知」の真の意図《いと》である。つまり、彼は、なにも「無知を自覚している自分は偉いぞ」と謙虚さを誇りたかったわけではない。そうではなく、彼は、無知を自覚してこそ**「真理を知りたいと願う熱い気持ち」**が胸の内にわき起こってくるのだということをみんなに伝えたかったのだ。

そして、実際、ソクラテスの言うとおりではないだろうか。僕たちは、普段、自分の無知を自覚することなく、まるで当たり前のように毎日を過ごしている。生まれて物心がついた頃から、幼稚園なり、小学校なり、大学なり、会社なり、と決められた施設に通い、そこで決められたことを何の疑問もなく営々とこなしてきた。そして疲れて帰り、ほんのひとときの余暇をテレビやゲームで潰《つぶ》し、寝て起きて、また通って……、それを老いて死ぬまで繰り返す。

でも、そんな当たり前の生活を成り立たせている、この「世界」について、僕たちはいったい何を知っているというのだろう？　なぜ空間があり、地球があり、そこに石や水などの物質があるんだろう？　そんなもの存在なんかしなくても全然よかったはずだ。そもそも宇宙は「完全なる無」であってもよかったのである。いや、むしろ、その方が自然なくらいだ。なぜわざわざ空間や物質なんてものが、できなければいけなかったのか？　そして、そんな物質がゴチンゴチンと他の物質とぶつかっているうちに、なぜか人間という存在ができてしまい……、それが学校に行ったり、会社に行ったり、人間関係に悩んだりしている。これはいったいどういうことなのだろうか？　そもそもこんな日常の存在自体、本来ありえないじゃないか？　でも、僕たちは、そんな途方もなくありえない、謎だらけの世界や日常を、わかりきった当たり前のこととして受け入れ、大した疑問もなく平然と過ごしているのである。そして、ついには、こんなことまで言い出しはじめる。

「ああ、もっとなんか面白いことないかなあ」

しかし、もし……。もしもソクラテスが言うように、無知――すなわち、自分が何ひとつ「ホントウ（真理）」を知らず、真っ暗な闇の中に放り出されて、訳もわからずにただ生きてるのだということ――を深く深く自覚したとしたら……。もうそんなことは絶対に言えない。これほど驚異的なことが目の前で起きているのに、それをそのまま見過ごして退屈に生きていくなんて、絶対にありえない！　そして、そのときにこそ、僕たちは真の意味で、「知りたい」と願うのではないだろうか⁉　「学びた

い」と思うのではないだろうか⁉

こうしたソクラテスの「無知の知」の呼びかけが、人々の心を揺さぶらないはずがなかった。特に、それは若者たちの心に強く響いた。ソクラテスによって目を開かされた若者たちは、こぞってソクラテスへの弟子入りを志願する。

その結果、ソクラテスは一躍有名な哲学の師匠として名を知られるようになるわけだが……。そんなソクラテスの名声は、彼に恥をかかされた政治家たちにとって面白いはずがなかった。結局、ソクラテスは、政治家たちから疎《うと》まれ、「若者を堕落させた罪」で裁判にかけられ死刑を宣告されてしまうのである。

逸話《いつわ》ではこのとき、ソクラテスの死刑執行の期間にはかなりの猶予《ゆうよ》が与えられ、いつでも彼は逃げられるようになっていたといわれている。もしかしたら、政治家たちは、ソクラテスが惨《みじ》めに逃げ出すのを民衆に見せつけて、笑いものにするつもりだったのかもしれない。

しかし、ソクラテスは逃げなかった。なぜなら、彼は、死の恐怖を目の前にしても決して揺らぐことのない真理……ホントウの何かを追究する人間であったからだ。

もし、喉《のど》もとに剣を突きつけられて、主張を撤回するとしたら……、それは相対主義者と同じである。自分が心から「ホントウに善い」と思って発言したことを、肉体が危険だからという理由で撤回するとしたら、そんなものはやはり「ホントウに善いこと」などではない。状況によって、言うことが変わるものなど「ホントウ」ではないからだ。だから、それだけはだめ。それだけはしちゃいけない。こうして、ソクラテスは、弟子たちが泣いて懇願するのを制して、自ら毒杯を手に取り、それを一気に飲み干す。

まさにその瞬間である！　一人の人間が、真理の名のもとに、自ら命をたった瞬間。世界は、相対主義の思想から逆の方向にゆっくりと傾き始めていく。なぜなら、ソクラテスが自ら毒を飲む行為とは、「**この世界には命を賭《か》けるに値する真理が存在し、人間は、その真理を追究するために人生を投げ出す、強い生き方ができるということ**」の確かな証明であり、それがその場にいた若者たちの胸に深く刻み込まれたからだ。

「正しさなんて人それぞれだよ」「何が善いかなんて、そのときそのときで違うよね」「人それぞれなんだから、熱くならず、適当にやればいいじゃん」

そんな風潮の世界で生きてきた若者たちは、ソクラテスの「真理のためなら死をもいとわぬ生き方」に衝撃を受ける。そして、彼らはソクラテスの遺志を受け継いでいくことを決意する。その中には、若き日の哲学者**プラトン**もいた。プラトンは、ソクラテスが求めた「ホントウ（真理）」、すなわち、決して相対化することのできない「絶対的に真だといえる理想の何か」があることを信じ、それを追究する哲学体系として、イデア論を生み出す。そして、その後、彼は**アカデメイア**という今の「大学」の源となる教育機関をつくり、真理を探究する学徒たちを育てていくことに生涯を費《つい》やしたのであった。

高校や大学に通い、人生を賭けて学問を学び探究する現代の学徒たち——今もなお脈々と受け継がれているこの学問の系譜は、ソクラテスが若者たちの胸に灯《とも》した「真理を知りたいと願う、熱い気持ち」から始まったのである。

Philosopher

03

近代哲学の偉大なる父

デカルト

得意技

方法的懐疑

1596年〜1650年

出身地：フランス　主著：『方法序説』

小さい頃は病弱で、ベッドで思索に耽《ふけ》ることが多かった。やがて「世間という偉大な書物」を知るため、軍に入隊したり、旅に出たりした。

絶対に疑えない確実なものとは何か？

デカルト

しかし、そう簡単には絶対的な真理は見つからなかった。そのうち歴史は、キリスト教が西洋を支配する**中世**時代へと突入し、「人間は理性だけでは真理に到達できません。到達するためには神への信仰が必要です」という方向に思想が進んでしまうことになる。

だが、その後、**ルネサンス**（古代の栄光を取り戻そう運動）や**宗教改革**（教会が免罪符を売りさばくのはいけないと思います運動）が起こり、教会の権威が次第に弱まっていく。そして、科学や数学などの学問が発展していき、「人間の理性って素晴らしい」という**近代**と呼ばれる時代へと入っていくのである。

中世から近代へ。それは、すなわち、「信仰を重視する時代」から「理性を重視する時代」への転換。それを契機に、人類は再び理性を使って「真理とは何か」を探究し始めるのであった。

そして、一七世紀、理性の力を用いて絶対的な真理を摑《つか》もうと志す哲学者、**デカルト**（一五九六年―一六五〇年）が現れる。

デカルトといえば、「**我思う、ゆえに我あり**」というフレーズで知られる有名な哲学者であるが、実は、彼は数学者としても名の知れた人物であった。たとえば、「x軸、y軸の二次元の座標系」は誰でも見たことがあると思うが、あれは実はデカルト座標といって、デカルトが考え出したものなのだ。数式を図やグラフとして視覚的に表すことができる座標系という発想は、当時としては画期的な発明であった。

さて、ここでちょっと話が変わるが、そもそも数学とは何だろうか？　ごく簡単にいえば、「まず最初に**公理**と呼ばれる**絶対的に正しいとする基礎的な命題**をいくつか仮定し、そこから論理的な手続きで**定理**（公理の組み合わせから導かれる新しい命題）を見つけ出していく学問」のことになる。

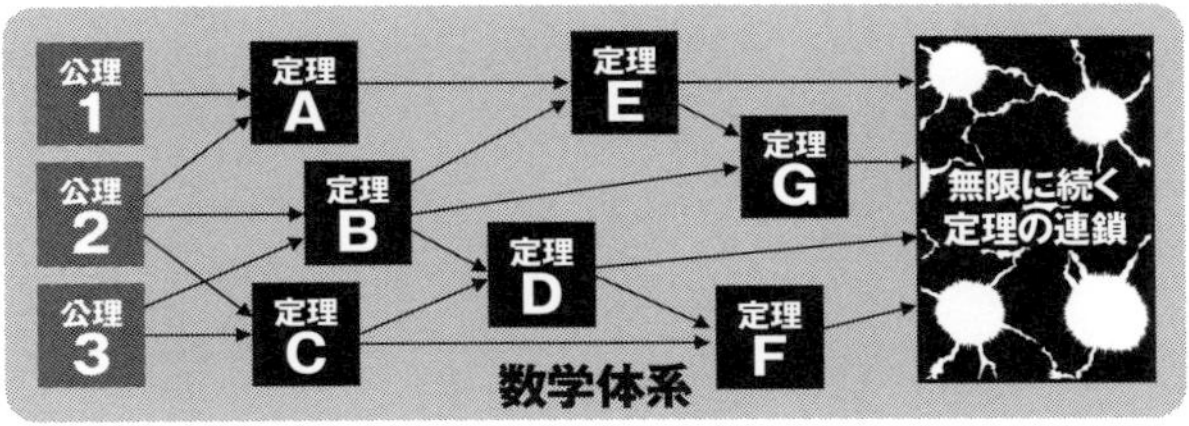

哲学も数学と同じ手続きで体系化されるべきと考えた

たとえば、僕たちが学校で最初に習う、平らな紙の上に描いた図形の学問（ユークリッド幾何学）には、「三角形の内角の和は一八〇度」という定理があるが、実はこれも、「平行線は交わらない」とか「すべての直角は等しい」などの非常に簡単な五つの命題（公理）を出発点にして導き出されたものである。そして、この「三角形の内角の和」の定理をもとにして、さらに別の定理が導き出されていくわけだが……、結局、その大もとには、必ず公理があるわけで、つまるところ、「すべての定理は公理をもとにしてできている」といえる。このことはどんな数学体系でも同じことであり、どれほど複雑怪奇で難解な数学体系であろうと、それは、「公理」と呼ばれる簡単ないくつかの命題からつくられているのである。

ここで重要なことは、数学は、この公理を最初に定めてしまえば、あとは「人それぞれ」によらず、誰もが同じ結論にいたる一本道として体系が発展していくということだ。学生の頃から数学が大好きだったデカルトは、この数学的なやり方が哲学にも使えないだろうかと考えた。

もともと、それまでの哲学といえば、いろんな哲学者たちが「オレはこう思う」「いや、オレはこうじゃないかと思う」と自分勝手に主張し合っているだけであった。だから哲学者ごとに、いろいろな「○○主義」や「○○説」ができてしまい、哲学は、数学や科学のように統一的な学問としては成立しなかったのである。だがそれでは結局、哲学なんて「人それぞれの勝手な考え」ということになってしまう。

そこでデカルトは、哲学も、数学と同様に、**「誰もが正しいと認めざるをえない確実なこと」**をまず**第一原理**（公理）として設定し、そこから論理的な手続きで結論を導き出すことで哲学体系をつくり出していくべきだと考えた。そうすれば、今まで人それぞれだった哲学を、誰もが同じ結論に達し、「誰もが正しいと認めざるをえない唯一究極の哲学」へと進化させることができるはずである！

このデカルトのアイデアはとても素晴らしく、そして野心的な試みであるといえる。だが、そうはいってもだ。そのためにはまず哲学において「これは間違いない！　絶対的に正しいことだ！」と万人が認めるような公理となる第一原理を見つけ出さなくてはならない。この第一原理は、「真理」と言い換えてもいいだろう。

でも、そんなものどうやって見つけ出せばいいのか？　言っておくが、この第一原理を見つける作業は、凄《すさ》まじく慎重に行わなければならない。なぜなら、最初の出発点である第一原理が、もし間違っていたら……、そこから導き出されるものも間違っていることになり、すべてが台無しになってしまうからだ。したがって、哲学の基盤として第一原理に設定する命題は、「ホントウに確実で、誰もが認めざるをえない真理」でなくてはならないのである。

デカルトは、その真理を一生懸命考えた。そこで彼が偉かったのは、彼は「確実に正しい真理」を直接探そうとしたのではなく、「まずあらゆるものを疑う」という戦略で真理を探し出そうとしたことである。つまり、彼は「疑っても疑っても、疑いきれないもの」が真理の条件だと考えたのだ。

たとえばの話、「固くて絶対に壊れないもの」を探す場合を考えてみてほしい。さぁ、どうすればいいだろうか？　「あの石って固そうだよね、あの石はどうだろう？」とひとつひとつ探していってもラチがあかない。そんなときはである。ものすごく巨大な爆弾を持ってきて、地球を丸ごとすべて吹っ飛ばせばいい。そうすれば、「決して壊れない固いもの」が最後に残るだろう。それを拾い上げればいいのだ。

デカルトもそれと同じことをやった。彼は、「それってホントウに正しいの？　疑わしいよね」という懐疑の爆弾をすべてのものに投げつけたのである。

彼は、この世のあらゆるものを疑った。目の前にリンゴがある。疑って疑って疑いまくり、目の前の現実すらも疑った。たとえば、目の前にリンゴがある。それははたして真実だろうか？　いやいや、実は夢を見ているだけで、リンゴなんか全然ないのかもしれない。だとすると、何を見ようと、それが真実とは限らない。

では、数学や論理はどうだろうか？　それらは、誰もが正しいと思わざるをえないことである。いやいや、それだって、疑うことは可能である。だって、僕たちは夢を見ているとき、論理的におかしなことが起きても、それに気がつくことができないではないか。だから、数学や論理が、正しいと思うのは、ただの勘違いかもしれない。とすると、数学や論理も、確実に正しいといえるものではないということになる。

さぁ、そこまで疑ってしまったら、もはや何も正しいといえるものなんかないように思える……。だが、それでもデカルトは、さらに懐疑を強化していく！　なんと彼は、「悪意のある悪霊」という存在まで仮定し始めた。その悪霊は、人間に幻影を見せて、あざ笑っている悪意のある超自然的な存在である。そんな存在まで持ち出してしまったら、「わかった、これこれが真理です」と何を言ったところで、「いやいや、悪霊がそう思い込ませてるだけかもしれないよ」といくらでも疑えてしまうではないか。はっきり言って疑いすぎである！

明らかな懐疑のオーバーワーク……。それでも、彼は徹底的に疑い続けた。このときの彼は、間違いなく「世界一真理を求める、世界一真理を疑う哲学者」であっただろう。そこまで懐疑を徹底されたら、科学も論理も数学も、何ものも生き残ることはできない。まったくの暴挙。だが……、その懐疑のオーバーワークという暴挙が奇跡を生むことになる！

ある日、朝も夕もなくひたすら疑い続けるデカルトに、突然、天啓《てんけい》のような考えがひらめく。

「我々の認識は、すべて嘘かもしれない……。そして、あらゆるものを疑うことができてしまう……。でも……、この世のすべてを疑えたとしても……、それを『疑っている私』がいるということだけは『疑えない』のではないだろうか！　なぜなら、たとえ、その『疑っている私』の存在を疑ったとしても、やっぱり『疑っている私』がいることは真だからだ！」

つまり、たとえすべてが夢（虚偽）であっても、その夢を見て、夢じゃないかと疑っている自分が存在することそれ自体は、決して疑えないのである。幻影を見せる悪霊だって、そもそも「幻影を見るもの」が存在しなければ、幻影を見せようがないだろう。結局、どんな懐疑にも耐えられるもの、それは、まさに「疑っている自分自身」だったのである。

そして、このデカルトのひらめきは、今日ではこういう言葉として知られている。

「我思う、ゆえに我あり」

たとえすべてがウソであろうと、それがウソではないかと「我（私）が思っている」以上、「我（私）が存在すること」は、絶対的に確実なのだ。

こうして、デカルトは、ついに哲学の基盤となる「絶対に疑えない真理」を導き出したのである。

Philosopher

04

ヒューム

すべてを疑う過激な哲学者

得意技　懐疑論

1711年～1776年
出身地：イギリス　主著：『人間本性論』
11歳でエディンバラ大学に入学するも、2年で中退し、自宅で哲学研究に没頭した。後年は、大使秘書や国務次官なども務めた。

神も科学も思い込みにすぎない

ヒューム

デカルトは「疑う私が存在すること」を絶対的真理として、それを哲学の第一原理に据《す》えた。だが、本当に大事なのは「じゃあ、そこからどんな哲学体系が構築されるか」である。つまり、「疑う私の存在は確実です。以上、哲学終わり」というだけの哲学体系なら、何の意味もない。

もちろん、デカルトも「我思う、ゆえに我あり」だけを言ったわけではなく、それを第一原理に置いたときに、どんな哲学体系が生じるかについて、ちゃんと続きも述べている。彼は、第一原理に基づき思索を進めた結果、こんな結論を導き出した。

「私の存在は確実なのだから、私が明晰《めいせき》に理解したり認識するものも確実に存在する」

いやいや、ちょっと待ってほしい。ついさっきまで、デカルトは「すべてを疑う」ということを徹底してやっていたはずだ。それなのに「私の存在は確実」という第一原理を手に入れたあとは、急に疑うのをやめてしまったかのようである。いや、それどころか、デカルトは「私」の認識が正しいことの根拠について、とうとう神様まで持ち出し始めた。

「なぜ、私の認識が正しいか。それは神様が私をつくったからである。神様がつくったのだから、私の認識は、きちんとできているに違いない」

おそらく、現代において、このデカルトの議論に説得力を感じる人はあまりいないだろう。つまり、デカルトは、最初の一歩は凄まじく素晴らしかったが、まるでそこで力尽きてしまったかのように、その後の展開が甘々《あまあま》だったのである。
当然、そんなデカルトの哲学には多くの批判が集まった。そして、その批判の中から、さまざまな新しい哲学が生み出されていくことになる。もともとデカルトは哲学をひとつに統一したくてがんばったわけだから、それを考えるとまったく皮肉な話である。

さて、デカルトの批判から生まれた哲学体系の一つに**イギリス経験論**と呼ばれるものがある。経験論とは、ようするに、「人間の中に浮かぶ知識や観念は、すべて経験から来たものにすぎない」という考え方のことだ。そして、**ヒューム**（一七一一年―一七七六年）こそ、その経験論を完成させたといわれる、イギリス経験論の最終兵器《リーサルウエポン》である。

ヒュームは、デカルトの「疑う私の存在は確実」という真理に対して、以下のように反論した。

「たしかに疑う私の存在は確実かもしれない。だが、そもそも、その『私』とはいったい何だろうか？　デカルトの『我あり』という言い方だと、まるで『私』が肉体か

ら離れた魂や霊などの精神的実体として存在しているかのように聞こえてしまうが、もともと『私』という存在なんか『さまざまな知覚の集まり』にすぎない。結局のところ、『私』とは、あるときは快適で、あるときは痛いといった、次々に現れる知覚（経験）が継続することによって生じている擬似的な感覚にすぎないのだ」

この反論により、デカルトが確実な真理だと言った「私（我）あり」という言葉の意味の範囲が、ギリギリまで狭まることになる。つまり、デカルトが確実に「あり」だと言っていた「私（我）」の正体とは、実は「経験（私という継続した感覚を生み出している痛みなどの知覚体験）」にすぎないのだとヒュームは主張したのである。そのうえで、ヒュームは、デカルトの「私が明晰に認識するものは確実に存在する」という論についても、異を唱える。

「『〇〇を明晰に認識した。〇〇とはこういうものだ』という私の考えは、すべて経験によって形づくられているわけだが、それがホントウの現実と一致しているかどうかは何の保証もない」

神への懐疑

実際、僕たちはよく錯覚や勘違いをする。だから、どんな経験をしようが、その経験が「現実世界とホントウに一致しているか」なんてわからないのだ。

さぁ、ここからがヒュームの真骨頂である。彼は、こういった「すべての認識や概念は、経験に由来しており、その経験と現実世界が一致している保証はどこにもない」という懐疑の眼差《まなざ》しを、ついに「神様」、そして「科学」にまで向け始めた。

そもそもそれまでの哲学者たちにとって、神様への懐疑は一種のタブーであった。たとえば、あれだけ懐疑を徹底していたデカルトですら、神様だけは特別扱いをしており自説の正しさの根拠として神様を持ち出しているほどである。

こういった「神様の特別扱い」は、（ヒューム以外の）経験論哲学者でも同じであった。基本的に彼らの哲学は、「人間が思い浮かべる知識や概念は、すべて経験に由来する」というものであるが、そう言っておきながら「じゃあ、神様は？」と問われたら、「神様は別格。神様は経験に由来しない」と述べるのである。それはたとえば、こんな感じだ。

「人間は、『完全』である神が存在することを知っている。でも、人間は『不完全』な存在だから、本来『完全』である神を経験したり、知りえたりするはずがない。では、なぜ人間は神を知っているのか？　それは、人間にとって、神は経験に由来しない唯一のものだからである！」

つまり、経験論という現実的で合理的な立場の哲学体系であっても、神様を否定するような畏《おそ》れ多いことを言う人は、誰もいなかったのである。だが、そこでヒュームが、はじめて神に対して「ＮＯ！」を突きつける。まず彼は、現実には存在しない概念、すなわち、「想像の産物」というものは、すべて「過去の経験の組み合わせ」によってつくられていると考えた。たとえば、ペガサスは現実の世界には存在していない。だから、誰もペガサスを経験することはできない。でも、現に僕たちはペガサスを思い浮かべることができるし、またペガサスという言葉をまったく知らなくても、同様の生物を思いつく可能性は十分にあるだろう。では、なぜ僕たちは現実には存在していないペガサスを思いつけるのかというと、単にペガサスとは、過去に見て知っている「馬」と「翼」を組み合わせただけの概念にすぎないからだ。

ヒュームは、こういった「過去の経験の組み合わせからできた、現実には存在しない概念」のことを**複合概念**と呼び、人間の想像力は、この複合概念（有限の経験の組み合わせ）の範囲にとどまると考えた。そしてヒュームは、「神」という概念も、ペガサスと同様、この「複合概念」の一つにすぎないと主張したのである。たとえば、僕たちは、神様そのものは経験したことはないが、「自分を見守ってくれる誰か」「絶対に逆らえない支配者」などの概念であれば、幼児期の親などから経験して知っている。だから、人間が思い浮かべる「神」とは、それらが組み合わさってできた「複合概念」だと考えることは可能であり、十分に合理的な話だといえるだろう。つまり、ヒュームは「神様なんて人間の経験に由来する観念的な想像物にすぎないのだ」とはっきりと言ってしまったのである。

そして、さらに、ヒュームは、その懐疑の刀を「科学」にまで振りおろす。彼は、科学法則も経験上の産物にすぎず、現実世界と一致しているかどうかはわかったものじゃないと主張した。さすがにそれは、科学に慣れ親しんだ僕たち現代人からすれば面喰《めんく》らってしまう主張であり、間違った考え方のように思えるかもしれない。だが、ヒュームの主張はどこまでも合理的で説得的であった。

たとえば、僕たちは「火は熱い」というのを絶対確実な科学法則だと思っている。だが、ヒュームに言わせれば、「火に触ると熱かった」という経験が繰り返された結果、「火→熱い」という因果関係があるのだと「人間が勝手に思い込んだ」だけにすぎない。そして、その思い込んだ因果関係がホントウにあるのかどうかは、人間にはわからない、というのだ。なぜなら、「火が熱い」という経験があったからといって、「火」と「熱い」には、ホントウは何の因果関係もないかもしれないからだ。

結局のところ、人類が火に触って百億回やけどをしてきたからといって、次の百億一回目も同じことが起こる保証はどこにもない。それにもしかしたら、いたずら好きな「妖精さん」がいて、人間が火に触ったときに、彼女が熱さを与えているだけかもしれないじゃないか！　そうだとすると、その妖精さんを捕まえてしまえば、もう火に触っても、今後いっさい火は熱くないかもしれない。ここで、もし「妖精さん」というファンタジーな存在が気に入らなければ、科学っぽく「未知の物理現象X」でもいいだろう。「熱」の原因は、実は、火ではなく、「未知の物理現象X」なのかもしれない。

たまたま、その「物理現象X」は火と一緒にいることが多いだけで、こいつがいなくなると、火は全然熱くない。

だから、人類が、火について調べ、火とそこにある熱量の関係性をどんなにがんばって記述しようと、結局、「ホントウの熱の原因」は人間にはわからないのだ。つま

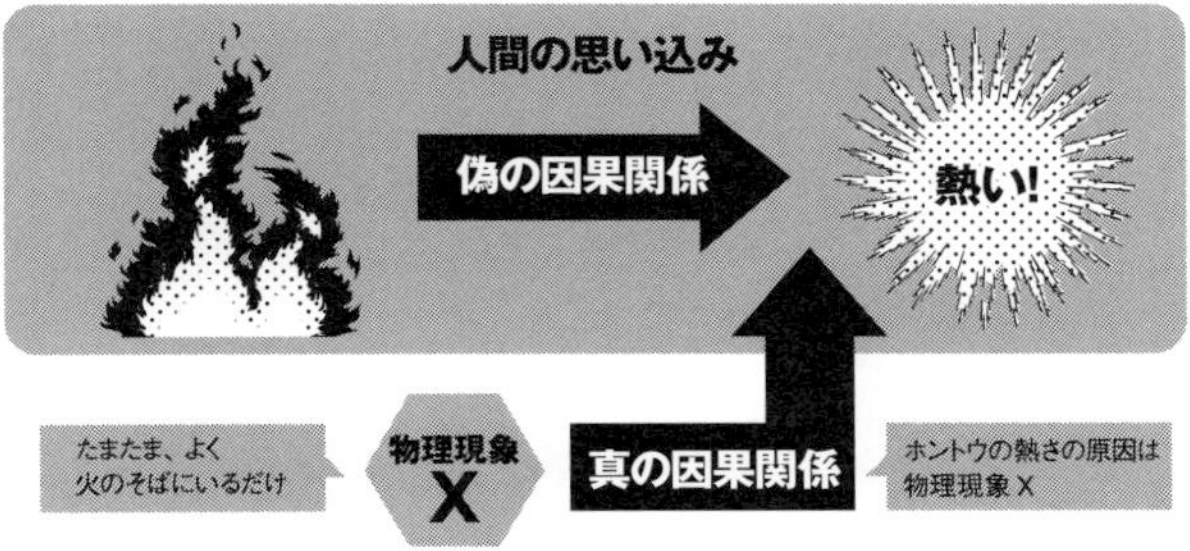

「熱さ」の原因はホントウに「火」なのか?

り、人間は「ある状態Aになったとき、ある状態Bが起こる」という経験を繰り返しているうちに、「そういうこと（状態A→状態B）が必ず起こる法則が宇宙にあるのだ」と思い込んだだけにすぎない。すなわち、科学という学問とは、その経験上の思い込みを絶対化しているだけにすぎないのである。

ヒュームは、このように懐疑を行い、「自我（私）」「神」「科学」の絶対性を容赦なく否定し破壊した。そして、この稀代の懐疑家の活躍により、西洋哲学の経験論は完成し、一つの頂点に達するのである（ただし、ヒュームとよく似た哲学は、インドで仏陀《ぶっだ》――ゴータマ・シッダールタ――がすでに述べており、東洋哲学では二五〇〇年前に通過済みだったりする）。

Philosopher

05

カント

真理をひっくり返した孤高の男

得意技

批判哲学

1724年〜1804年

出身地：ドイツ　主著：『純粋理性批判』

規則正しい生活で、近くの住民が彼の散歩姿を見て時計の時間を合わせたほど。恋愛には関心を持たず、生涯独身を貫いた。

世界のホントウの姿は知りえません

カント

ヒュームの懐疑は本当に徹底していた。どんなものでも「徹底」するということは素晴らしい。それまで疑うこと自体がタブーであった神に対しても懐疑の目を向け、さらには科学（因果律）までも疑うほどの徹底ぶりを見せたヒュームの懐疑論は、たしかに見事なものであった。

だが、懐疑するだけでは何も始まらない。本当に大事なのは、そこから「懐疑できない何か」を見つけていくことである。つまりデカルトがやったように、徹底して懐疑しながらも、その懐疑をはねのけるような「強い考え」を見つけ出していくことが重要なのだ。

そして、そのヒュームの懐疑を真っ向から受け止め、それを乗り越える真理を見つけ出すという偉業を成し遂げたのが、ドイツの哲学者**カント**（一七二四年―一八〇四年）である。

もともと、カントはデカルトと同じく理性を信奉する合理主義者であり、人間は理性を十分に働かせれば、真理に到達できるはずだと素朴に考えていた。だが、彼はヒュームの哲学を知って衝撃を受ける。ヒュームの優れた懐疑論に、自分の哲学者としての甘さを思い知らされたのだ。そして、カントはヒュームという強敵から逃げることなく、彼の懐疑に立ち向かうことを決意する。

そもそも、ヒュームの主張とは「すべての知識や概念は、人間が経験からつくり出したものにすぎない」という内容であった。それはとても説得力のある話のように思える。だが、カントはそこにこんな疑問を感じた。

「それならば、どうして数学や論理学など、多くの人間同士で通じ合える学問が存在

しえるのだろう？」

もし、すべての知識や概念が人間の経験に基づくものなのだとしたら……、もっと人それぞれの異なった学問体系があってもいいはずである。だって、同じ経験をしている人間なんて、そうそういないからだ。でも、実際には、まったく違った経験をして生きてきた人間同士であっても、時間をかければ必ず同じ結論にいたるもの――たとえば幾何学や数学や論理学など――がいくつも存在する。

カントは、そこにヒュームの懐疑を乗り越える鍵があると考えた。そして、彼はこんな結論に達する。

「たしかにヒュームの言うとおり、人間は経験から知識を得ている。だが、その経験の受け取り方には、『人間』としての『特有の形式』があり、それは経験によらない『先天的（生まれつき）』なものである」

それはつまりこういうことだ。人間は、生まれてからさまざまな経験をする。そして、ある人はリンゴを食べ、ある人はメロンを食べるといった具合に人それぞれでまったく違った経験をしながら生きている。でも、そこでカントは「そういう経験内容の違いによらず、人間同士で共通しているものは何だろうか？」と問いかけた。その結果、カントは「人間は何かを見るときには、必ず『空間的』『時間的』にそれを見ている」という「経験の仕方」について「共通の形式」があることを見いだしたのである。

この「共通の形式」についてもう少し説明しよう。たとえば、僕たちは、リンゴにしろ、メロンにしろ、「何かを見る」という経験をするとき、必ず「どこかの空間の、どこかの時間のモノ」として見ているはずである。それは、逆に言えば、僕たちは「どの空間にもないリンゴ」もしくは「どこの時間にもないリンゴ」というものを経験できないということを意味する。すなわち、僕たちにとって「空間上の場所を占《し》めないリンゴ」「時間上（過去―現在―未来）のどこの時刻にもないリンゴ」などというものはありえないのだ。そして、こういった事情は、Aさんであろうと、Bさんであろうと、どの国の人であろうとみな同じく共通していることである。

では、なぜ同じなのだろうか？　なぜ僕たちは、「空間的、時間的」に物事を経験するのだろうか？　その理由を端的に言えば、僕たちは「そういう脳」を持って生まれてきたからだということになる。つまり、僕たちの脳は、その構造上、神経を通じてやってくる刺激を「空間的」「時間的」な情報として解釈するようにできているのだ。そして、そういう脳の構造や仕組みは、人間という種としての生まれつきの先天的なものなのである。

ということは、脳の構造によって決定される「経験の受け取り方の形式」は、人それぞれの「経験内容の違い」を超えて、人間生来のものであるといえるだろう。つまり、僕たちは、どのような経験であろうと、必ず「空間的」「時間的」に経験するという「人類共通の形式」を持っているといえるのだ。

カントは、そのように人間たちが「生まれつきの共通の形式」で物事を経験しているからこそ、数学などの「人類で共有可能な学問」が成り立つのだと考えた。そして、そう考えればこそ、

「人間の概念は、すべて経験に基づいており、そして、経験なんて人それぞれなんだから、人類で、共有できる絶対的な概念なんてありえない」

という経験論の懐疑を乗り越えて、

「いや、そんなことはない。経験の内容は人それぞれだが、経験の受け取り方には、人類共通の一定の形式がある。それはすなわち、その共通の形式に基づく範囲内では、みんなが『そうだね』と合意できる概念がつくり出せるということだ。したがって、人間として普遍的な真理、学問を打ち立てることは可能である」

と、真理の存在を主張することができたのである。

さて、ここでカントが偉かったのは、自らの主張に酔いしれず、冷静にその真理の範囲を限定したことであろう。カントは「真理は構築可能である」と語ったあとで、さらにこうも述べている。

「とはいえ、それはあくまでも『人間という種』にとっての真理である」

つまり、カントは、経験論の「経験なんて人それぞれだから、人間共通の普遍的な概念（真理）なんかない」という主張に対して、「人間共通の経験の形式があるのだから、人間共通の普遍的な概念（真理）はある」と反論したわけだが、それは逆に言えば、「共通の経験の形式」を持っていない他の生物（異種族、宇宙人、異形の怪物）とは「真理を共有できない」ということになるのだ。

人間にとっての真理

たとえば、ちょっとこんな生物がいたと考えてみよう。そいつは、まったく移動することができず、ただ上から落ちてくる食べものを待っているだけの「イソギンチャクみたいな生物」である。この生物は、移動できないし、生存に必要な食料は常に「一つの方向（上方向）」からしか来ないのだから、「方向を知覚する感覚器官」を持つ必要性がない。とすると、この生物は「方向という感覚（経験）」を持たないのだから、僕たち人間のように「モノ」を三次元空間にある何かとしては捉えないだろう。

そもそもこの生物にとって「モノ」とは、すなわち「餌《えさ》」のことであるが、彼が感知できることとは、その餌が「いつ、どんな味で、どれだけの量が来るか」だけである。そうする

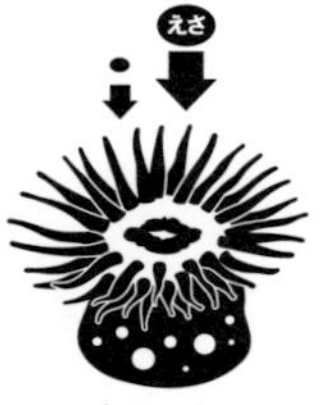

一次元に住む
イソギンチャク生物

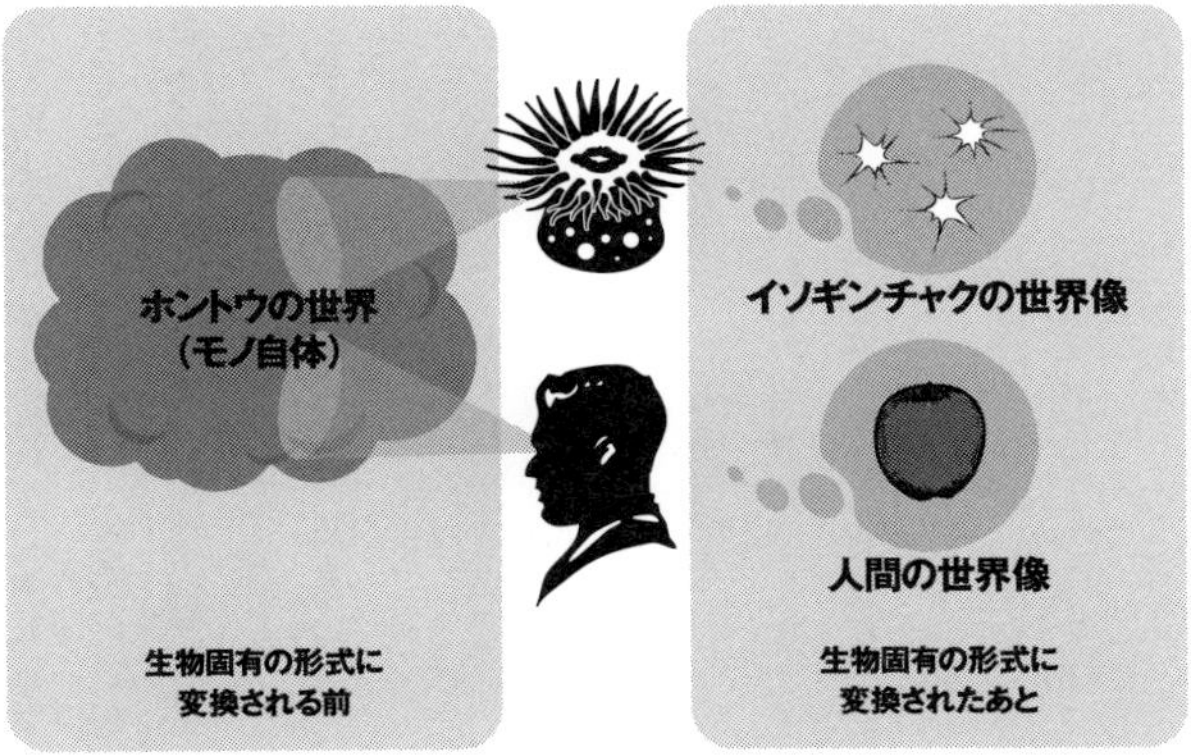

両者がそれぞれ見ているホントウの世界（モノ自体）は知りえない

と、彼は、「モノ（餌）」を「時間、成分、量」という三つの形式で捉えているということになり、もしかしたら、「モノ」を「時間で変化する色」として捉えているのかもしれない。たとえば成分を「色の種類（赤は有害な成分、青は有益な成分）」、量を「色の濃さ（濃いと多い、薄いと少ない）」という形式で認識しているといった具合だ。

ようするに、「各々の生物は、生物固有の感覚器官に応じたやり方で世界（モノ）を捉えているよ」という話だが、このイソギンチャク生物の場合は、「時間とともに色がついたり消えたりする一次元の宇宙」に住んでいるということになるだろう。

もちろん、人間からすれば、そんなイソギンチャク生物の世界観などはちゃんちゃらおかしい。「あの生物は、宇宙の真の姿をまったくわかっていない。あのフニャフニャのグロテスクな姿のアイツは、ホントウは三次元空間の宇宙に住んでいるのにね」とツッコミを入れたくなる。

だが……、実は、僕たちだって、このイソギンチャク生物と同じ境遇なのかもしれない！

だって、僕たち人間とは違う感覚器官を持つ生物、もしくは、僕たちの人間の感覚器官では捉えられない範囲の世界に住む生物がいたとしたら……、このイソギンチャク生物と人間の関係がそっくりそのまま、適用できてしまう。つまり、僕たち人間が見ている世界なんて、所詮、「人間にとっての世界」であり、ほんの一面的なもので、実は人間の感覚器官の外側には全然違う世界が広がっているかもしれず……、そして、その違う世界に住む「生物X」は、僕らのことを「あの人間とかいうグニャグニャのグロテスクな生物は、宇宙のホントウの姿をまったくわかっていない。宇宙が三次元空間だって？　わははははは、そんなわけないだろ」と笑っているかもしれないのである。

じゃあ、だとしたら僕たちはどうすれば、「ホントウの世界の姿」を知ることができるのだろうか？

モノ自体

カントに言わせれば、そんなことは不可能である。人間は絶対に「ホントウの世界の姿」を知ることはできない。カントは、それをこういう言葉で表現した。

「人間はモノ自体には到達できない」

ここでカントが言う**モノ自体**とは、生物（人間）固有の形式によって経験される前の「ホントウの世界」の「モノ」のことである。

前頁（61ページ）の図にあるとおり、そもそも僕たちが知覚して「存在している」と思い込んでいるリンゴやメロンなどの「モノ」とは、「知覚（経験）される前の世界」から生物固有の形式で変換されて映し出されたあとの「モノ」にすぎない。したがって、人間とイソギンチャク生物ではその形式が違うのだから、同じ対象を知覚していても、まったく違った「モノ」として、それぞれに現れることになる。

このとき、両者がそれぞれ見ている「モノ」の「ホントウの姿」、つまり「経験の形式によって変換される前の『モノ自体』の姿」がどんなものかと問われても、人間もイソギンチャクも誰も答えることはできない。だって、「モノ自体」とは、経験される前の状態の「モノ」のことなのだから、その「モノ自体」を知る（経験する）なんてことは、定義からして矛盾しており原理的に不可能なのだ。だから、人間もイソギンチャクも、「モノ自体」に到達することは決してできず、自分たちの形式に変換される前の「世界のホントウの姿」を知ることなんてできないのである。

だが、カントはそれで全然かまわないと考える。わからないものは、わからないのだから、とやかく言ったってしょうがない。「原理的に知りえません」という結論が出てしまった以上、もはやそれについて何を論じたって全部ただのヨタ話にすぎない。

だから、カントは、そういった「知りえないホントウの世界（彼岸《ひがん》の世界）」のことは忘れてしまって、「人間の形式に変換されたあとの世界（現実の世界）」だけに限定して探究を進めるべきであると唱えた。つまり、イソギンチャク生物は「イソギンチャク生物にとっての世界」の範囲で、人間は「人間にとっての世界」の範囲で、それぞれの世界の真理を探究すればいいという話である。

だいたい、イソギンチャク生物に「いやいや、世界はキミたちが思ってるようなものじゃないよ、世界は『ホントウ』は三次元空間なんだよ」と言ったところで、いったいどんな意味があるのだろうか？　彼らに、「宇宙には、縦方向、横方向、高さ方向の三つがあるんだよ」と人間の世界の話を伝えても、「タカサって何だよ！　意味わかんねえよ！」と思われるだけである。実際、僕たちだって、違う世界で生きている生物から、「あのね、宇宙は、『ホントウ』はムゲ、ムガ、モゲ、ヨゲ、モゴからできてるんだよ」って言われたって、なんのことやら意味がわからない。つまるところ、そんな「ホントウ（真理）」を他者から突きつけられたところで、「自分たちの形式と違うホントウ」「自分たちにとって知りようがないホントウ」であるならば、まったく何の意味もなさないのだ。

結局のところ、人間は「人間にとっての世界」「人間にとっての真理」にしか到達できない。そして、そういった「人間に到達可能な真理」こそが「真理」と呼べる唯一のものであるといえる（なぜなら、それ以外の「到達不可能な真理」なんて何の意味もなく、もはや真理とは呼べないからだ）。カントが一番偉かったのは、そのような真理の事情を踏まえて、次のように「真理」を新しく定義したことである。

「真理とは人間によって規定されるものである」

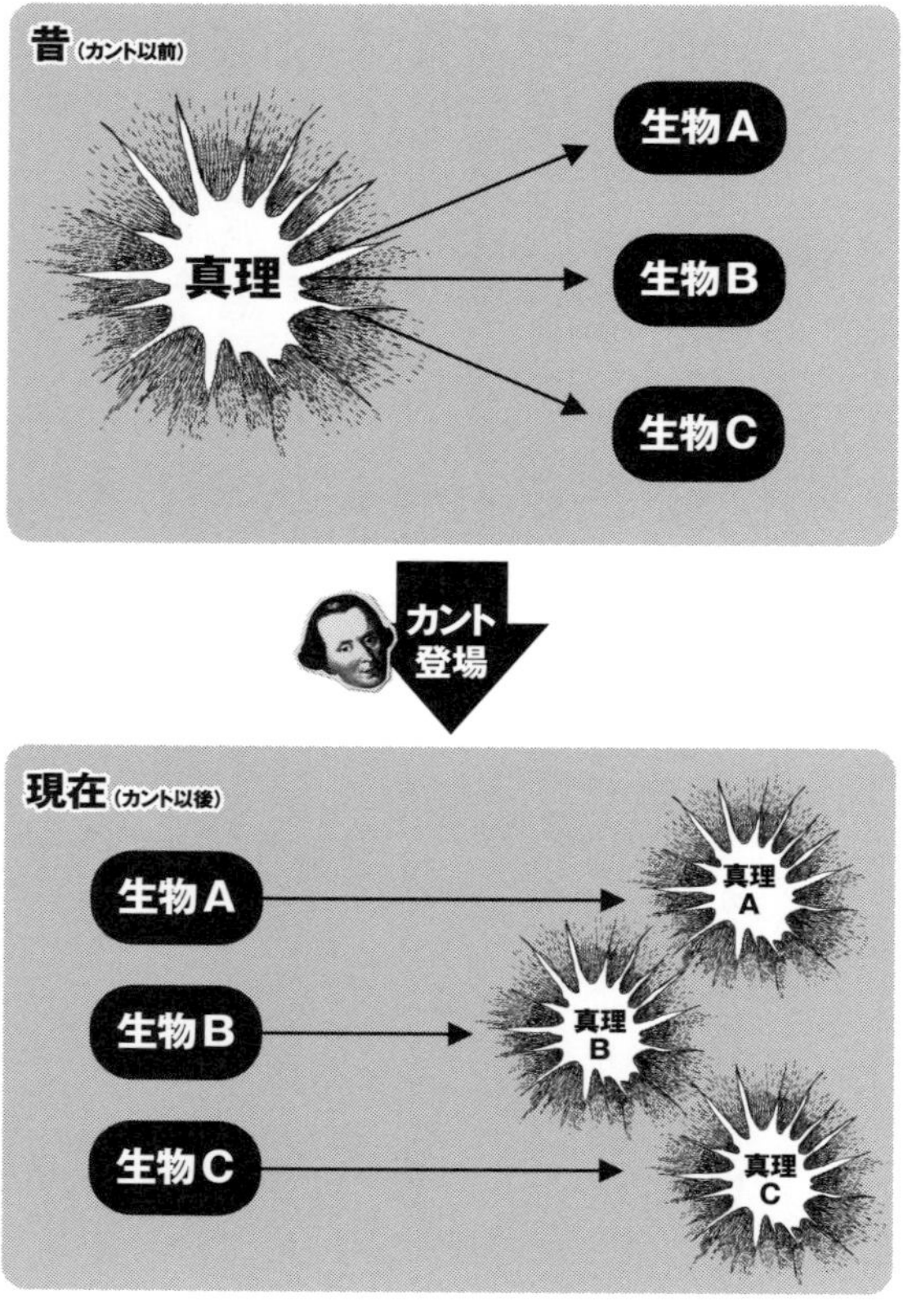

カントによる真理の「コペルニクス的転回」

これは、「真理とは、人間の上位の存在であり、生きとし生けるものをあまねく貫く普遍的なものである」という今までの常識を覆す考え方であった。つまり、カントは、真理と人間の立場を逆転させてしまったのである。このカントの主張は、いわゆる「普遍的真理」を追い求めてきた当時の哲学者たちに、とてつもない衝撃を与える。そして、これをきっかけにして哲学は、「人知を超えた真理」を求めるというロマン的な方向から、「人間にとっての真理」（人類という形式において成立する正しい考え方）を求める現実的な方向へと変わっていく。すなわち、人類の真理探究の旅は、カントの登場によって大きな転換期を迎えたのである。

Philosopher

06

西洋近代哲学の完成者

ヘーゲル

得意技

弁証法

1770年〜1831年

出身地：ドイツ　主著：『精神現象学』

カリスマ教授として弟子も多く、死後、ヘーゲル哲学とキリスト教の融合を図る「右派」と、神を否定する「左派」が分裂することに。

闘争こそが真理に到達する方法である

ヘーゲル

カントのおかげで、人間には「人間にとっての真理」があることがわかった。しかし、実のところカントは、そういう真理の存在を明らかにしただけで、どうすればそれに到達できるかまでは説明していなかった。それってまるで「ゴールがあるのはわかったが、そこに向かう方法はわからない」というのと同じ状況である。いったいどうやって人間は、そのゴール（真理）に辿り着けばいいのだろうか？

そんなとき、「こうすれば真理に辿り着けるよ」と「真理到達の方法」を具体的に指し示す哲学者が現れる。

近代哲学を完成させたと評される大哲学者**ヘーゲル**（一七七〇年―一八三一年）だ。

ヘーゲルは、真理とは、ある日どこかの天才が「うはは！　オレ、真理わかった（笑）」と突然見つけてしまうような浅薄なものではなく、**弁証法**という手法により「多くの人の手」と「長い時間」をかけて少しずつ形づくられていくものだと主張した。

その弁証法とは何か？　簡単に言うと「対立する考えをぶつけ合わせ、闘争させることによって、物事を発展させていくやり方」のことである。たとえば、ある人が「あそこに丸いものがある」と言ったとしよう。彼からすれば、「丸いものが見える」という明らかな体験があるのだから、それは絶対的な真理だと信じたい。だが、そこへ「え？　何言ってるの？　四角でしょ！」と言い出す他者がやってくる。もちろん、丸く見えている彼は「いやいや、そんなバカな！　どう見たって丸いじゃないか！絶対、それが真理だよ！」と猛然と反論する。現にそう見えているのだから当然であろう。だが、それは相手だって同じこと。「いや、違うって！　四角だって！　丸いなんてありえないよ！　絶対、こっちが真理だ！」と反論し返してくる……。さぁ、こんなときどうすればいいだろう？

そこで「まぁまぁ、人それぞれってことで、別にいいじゃないですか」と冷めたことを言えばその場はおさまるわけだが、それでは結局のところ、何の解決にもなっていない。それよりもこういうときは対立を恐れず、互いの考えを徹底的に戦わせて議論していく方がいい。なぜなら、それによって今まで気づかなかった新しい真理が見つかることがあるからだ。

「いやいやだからさ！　あれ？　ちょっとまって！　あ……なんだ、これ円柱だったんだ！」

真理Ａと真理Ｂの対立が弁証法で超えられる

「うわ、これなら、丸く見えたり、四角く見えたりするのも当然だね！」

こんなふうに、議論を闘わせることによって対立を解消させる別の真理が見つかることがある。ヘーゲルは、このような「対立の中から新しい考えを生み出していくやり方」を「弁証法」という言葉で表現した。

弁証法という闘争

さて、ここで重要なのは、この弁証法によって新しく見つかった真理は、最初に二人が主張していた真理の矛盾を解決しているのだから、より「優れた真理」であるといえることだ。もちろん、「円柱じゃねぇぇ！」と言いだし、その優れた真理を否定する他者が、現れることもあるだろう。だが、そのときも同じように議論を闘わせればいい。そうすれば、その対立を解消する、さらなる「優れた真理」が生み出されていくだろうからだ。

ということはだ！　この弁証法を延々と続けていけば、最後には「最も優れた真理」「究極の真理」「ホントウの真理」が見つかるはずである！　その過程を簡単にまとめると、次のような感じになる。

(1) 誰かが『真理』を述べる。
(2) 別の誰かがそれを否定し、『反真理』を唱える。
(3) よろしい、ならば戦争だ。
(4) 両方を満足させる『超真理』誕生。
(5) 別の誰かがそれを否定し、『反超真理』を唱える。
(6) よろしい、ならば戦争だ。
(7) さらに、両方を満足させる『超超真理』誕生。
(8) 誰かが『反超超真理』を唱え……『超超超真理』が……。
(9) そして、いつかは「超×∞(無限大)真理」、すなわち「究極の真理」に!

あくなき闘争の果て、辿り着く境地。ヘーゲルは、弁証法(闘争)こそが人類を真の真理へと導く唯一の方法なのだと考えたのである。

さらにヘーゲルは、この弁証法を歴史にも当てはめた。つまり、人類の歴史も真理の探究と同様に、弁証法という闘争によって進展していき、最終的には、真の自由を実現する「究極の理想社会」をつくり出すだろうと考えたのだ。そして、そうした究極の理想に到達することが人類や歴史の存在意義なのだと高らかに宣言したのである。

ちょうどヘーゲルが生きていた時代は、王政国家から民主国家への転換期であった。実際、ヘーゲルが大学生のときに、フランス革命が起こっている。市民たちが自由と平等を求めて立ち上がり、王政を打ち倒して市民政府をつくるという歴史的快挙。つまり、当時の人々は、この革命の成功に酔いしれており「歴史は、進むたびによい社会になっていく！」と自信を持って言える時代であったのだ。そういった時代背景も伴い、ヘーゲルの哲学は拍手喝采《かっさい》でみんなに受け入れられたのである。

Philosopher

07

悩み多き実存主義の祖

キルケゴール

得意技

実存主義

1813年〜1855年

出身地：デンマーク　主著：『死に至る病』

10歳年下の娘・レギーネに求婚するも、1年後に婚約を一方的に破棄する。真相は謎とされ、彼自身「私の全思想の鍵」と記している。

個人がそのために死ねるもの、それこそが真理だ

キルケゴール

「人類の歴史は弁証法を通じてどんどん問題を解決していき、最後には究極の真理へと到達する」という希望に満ちたヘーゲルの哲学は、多くの人々を魅了し支持を集めた。

だが、ヘーゲルがヘーゲルの哲学に従うのなら、どんな考えも「弁証法」によって発展していくわけだから、ヘーゲル自身の哲学も誰かに否定されなければならない。そして、否定からさらなる哲学が構築されていかなくてはならない。

というわけで、実際にヘーゲルの哲学に反論を提示する哲学者**キルケゴール**（一八一三年―一八五五年）が現れる。

キルケゴールは、当時大流行だったヘーゲルの哲学を「今、ここに生きている私という個人を無視した人間味のない哲学である」と断じ、強い嫌悪感を示した。だって、そうだろう。結局のところ、ヘーゲルの哲学は「人類は、いつか究極の真理を見つけるよー」と言ってるだけの話にすぎず、「いつ、どこの誰が、どんな真理を見つけるか」という肝心の部分について、ヘーゲルは何も明らかにしていないのだ。だから、その究極の真理が見つかるのは、一〇〇年後なのか、一〇〇〇年後なのか、まったくわからない。もし、究極の真理がそんな遠い未来に手に入るものだとしたら……、今、この時代を生きている僕たち個人には、何の関係もない話ではないか！

このようにキルケゴールは、ヘーゲルの哲学を「人間個人」には何の役にも立たないヨタ話であると主張した。実際、一〇〇〇年後のどこかの他者が手に入れるかもしれない真理について語ったところで、いったい何の意味があるのだろうか。キルケゴールは、そんな「いつか、人類は手に入れるかもね」的な空想じみた他人事のような真理が、真理であるはずがないと考えた。彼は、真理についてこう述べている。

「私にとって真理だと思えるような真理。私がそのために生き、そのために死ねるような真理。そういう真理を見つけることこそが重要なのだ」

つまり、「人類にとって」とか、「いついかなるときでも成り立つ、普遍《ふへん》的な」とか、そんな大風呂敷を広げた夢みたいな真理なんか、どうでもいい。それよりも大事なのは、僕の真理、私の真理、オレの真理。今、現実に生きている個人が、真に納得できるもの。それを得るためなら死んだってかまわないとすら思えるもの。そういうものこそが「真理」と呼ばれるべきものではないのか！　キルケゴールは、そのように真理を定義したのである。

ようするに、ヘーゲルが、「より優れた真理を得るために、今日をもっと……！」という哲学者であるならば、キルケゴールは、「今日、真理が得られるなら、明日はいらない！」というまったく正反対の哲学者だったのである。

さぁ、キルケゴールの登場により、ヘーゲルの哲学が否定され、対立が生じてしまった。この対立はどう解消すればいいのだろうか？

どちらの哲学にも十分な説得力がある。ヘーゲルの「人類の歴史は対立によって、究極の真理、理想の社会へと進展していく」という哲学はとても魅力的でよくわかる話だし、その一方で「そんないつ到達するかもわからない未来のことなんか言われたって、今を生きているオレたちには関係ねーよ」と非難するキルケゴールの気持ちもよくわかるものである。そんなとき、その二人の対立を解消する考えを提示する男が現れた。彼は、こんな感じのことをみんなに訴えかけた。

「待ってるだけではつまらんぞ」

Philosopher

08

カリスマ的人気のMr.インテリ

サルトル

得意技 アンガージュマン

1905年〜1980年
出身地：フランス　主著：『存在と無』
1964年にはノーベル文学賞に選ばれたが、「いかなる人間でも生きながら神格化されるには値しない」と、これを辞退した。

僕たちの手で人類を真理に導こうじゃないか

サルトル

フランスの哲学者**サルトル**（一九〇五年―一九八〇年）。彼は定住を好まず、パリのサン゠ジェルマン通りと呼ばれる、日本でいうところの渋谷・原宿に相当するオシャレな街のカフェに毎日通いつめ、そこで「奇抜な服装や髪型をした、今どきの若者たち」と一緒に議論しながら哲学書を書いて過ごすという一風変わった哲学者であった。そんな彼を、若者たちは慕《した》って敬《うやま》い、こう呼んでいたという。

「**サン゠ジェルマン通りの法王**」

そんなふうに若者たちからの尊敬を一身に集めていたサルトルは、ヘーゲルとキルケゴールの対立という問題について、こう提言した。

「だったら、いっそ、究極の真理を求める歴史の進展を、僕たち自身の手で進めてみようじゃないか！　そのために、人生を賭けてみようじゃないか！」

つまり、ヘーゲルの哲学を他人事のように捉えないで、自分から積極的に参加して、「人間個人として今を生きる意味」を見いだしたらどうかという話だ。このサルトルの熱い言葉は、当時の若者たち――資本主義が成功して生活が豊かになったはよいが、いったい何をして人生を過ごせばいいのだろうかと思い悩む若者たち――の心をガツンと揺さぶったのである。

自由の刑

ところで、サルトルといえば、**「人間は自由の刑に処せられている」**と述べた哲学者としても有名であるが、なぜ「自由の刑」なのだろうか？　だって普通、自由といえば、誰もが求める素晴らしい状態のことであるはずだ。しかし、サルトルはそうではないと主張する。彼は、自由を次のように解釈した。

「自由とは、何が正しいのかわからないのに『好きにしろ』と放り出されてしまった不安定な状態のことである」

たとえばの話、どこかに神様がいて、人間に「これが真理ですよ、これがあなたの生きる目的ですよ」とすべてを明らかにしてくれていれば、僕たちは何も悩む必要はなかった。父親の手にひかれて歩く幼子のように、僕たちは安心して与えられた真理に従い、そのとおりに生きていくだけでよかった。

だが、実際のところ、人間には、そのような真理も生きる目的も与えられていないし、明らかにされてもいない。だから、人間は「何をすべきか」を自分で「決断」して生きていかなくてはならない。

でも……、じゃあいったい僕たちは何を「決断」すればいいのだろう？「決断」するためには、「決断すべき基準」となる何かが必要である。それを、仮に「決断するための価値観」と呼ぼうか。でも、その「決断するための価値観」なんて世の中にはたくさんある。宗教Aだったり、宗教Bだったり、もしくは、哲学Aだったり、哲学Bだったり。そういったものは、いくらでも見つけることができるだろう。じゃあ、数ある「価値観」の中から、いったいどれを選べばいいのだろうか？　もし、万が一、間違って「しょうもない価値観」を選んでしまったら……、人生が台無しになってしまうかもしれない！　だから、僕たちは慎重に、正しい価値観を選択しなくてはならないのだ。

ということは、たくさんの「決断するための価値観」の中から、どれか一つを決断しなくてはならず、その決断のための正しい基準が必要となる。あれ？　そうすると、「決断するための価値観を決断するための価値観」が必要であり、その価値観を選ぶためにも、さらに決断するための価値観が必要になるのだから……、結局、無限に価値観が必要になってしまい、原理的に言って、「決断するための正しい価値観」を手に入れるなんて不可能ということになる。

だとすると、もう仕方がない！「えいや」とどれか一つを適当に決断して選ぶしかない！

しかしである。その選んだものが正しいという保証はどこにもないのだ。だから、そのせいでとんでもない目にあうかもしれない。一度きりしかない人生を棒に振ってしまうかもしれない。もちろん、「どれも選ばない」という選択肢もあるだろう。だが、その「選ばないという選択」が正しいという保証もないのである。

じゃあ、どうすればいいのかというと……、どうしようもない。「人生において何をすべきか」という重大な問題について、「あなたは、これこれをすべきです」という「正しい価値観」を神様も国家も学校も誰も教えてはくれないのだ。だから、僕たちは自分で決めなくてはならない。失敗や間違いに怯《おび》えながらも、不安の中で「正しいかどうかもわからない何か」を無理やり、決断して生きていかなくてはならない。

そして、その決断は絶対的に「自由」である。何を選んでもいい。よい大学に行くために猛勉強してもいいし、勉強しないでゲームのキャラクターのパラメータをあげるために延々と時間を費やしてもいい。大工になってもいいし、サラリーマンになってもいい。何度フラレてもめげずに合コンを繰り返して結婚相手を見つけてもいいし、面倒くさいからと二次元の絵の女の子を代用品にして一生結婚しなくてもいい。すべては自由である。

だが、何を選ぼうと何が正しい選択なのかなんてわからないのだから、一〇年後、二〇年後、その選択にゾッとしてるかもしれない。

「なんでオレ、こんな仕事なんかやってるんだろう。なぜ結婚しないでオッサンになってるんだろう。オレの人生、こんな程度で、あとは老いて死ぬだけなのか……。もっと、違う選択だってあったはずなのに」

でも、それについて誰にも文句は言えない。なぜなら、自分で選んできたことだからだ。だから、その選択で失敗しようが後悔しようが、その選択の全責任を負わされる……。

すなわち、人間とは、何を選んでいいかわからない世界に、頼んだわけでもないのに突然放り込まれ、「キミの人生なんだから好きに選びなさい」と自由を強制されて何事かを選択させられたあげく、その選択で失敗したら、「おまえが選んだんだからな！」と責任を負わされる、という宿命を持って生まれてくるのだ。サルトルは、人間のそういう状況を指して、「人間は自由の刑に処せられている」もしくは「人間は自由に呪われている」と表現したのである。

歴史への参加

だが、彼は、人間について悲観的なことをただ述べただけではなかった。彼は、そこで「むしろ、だからこそ、人間は、歴史に参加するべきである」と主張する。なぜなら、どの価値基準が正しいかわからないからって、何一つ選ばずにただ無為に人生を消費して生きていくよりは、間違っているかもしれないリスクを背負ってでも何かを選んで生きた方が、よっぽどマシだからだ。

だから、サルトルは、人間は「自由の刑」という呪《のろ》いを背負いながらも、それから目を背《そむ》けずに自ら「決断」して強く生きていくべきだと主張する。つまり、どうせ「自由の刑」を科せられているのだから、逆に、失敗の責任を引き受けて思いきり積極的に決断してやれ、という話だ。そして、せっかくやるのだから、いっそのこと、できるだけ大きな舞台……「人類を理想の社会、真理に向かって進展させる歴史という大舞台」に立ってみたらどうか、とサルトルは提案する。

ちょうどサルトルが生きていた時代は、資本主義社会が完全に世界の主流となっていた時代であった。だが、ヘーゲルによれば、歴史は必ず弁証法により成長していくのだから、このままずっと永遠に続くのではないかと錯覚してしまいがちな資本主義社会だって、いつかは否定され、さらに優れた社会システムに取って代わられるはずである。では、その優れた社会システムとはいったい何だろうか？　その当時、資本主義を超える理想の社会システムとして、マルクスの共産主義が、有力視されていた。

そのため、サルトルの呼びかけに感化された若者たちは続々と、共産主義革命や学生運動にのめり込んでいくようになる。こうして、ヘルメットをかぶって火炎瓶《かえんびん》を投げつけたり機動隊ともみ合ったりするなどの、いわゆる「反社会的な活動」が一大ブームとして世界中に巻き起こることとなったのである。

Philosopher
09
未開を愛した人類学者
レヴィ＝ストロース

得意技
構造主義

1908年〜2009年
出身地：ベルギー　主著：『親族の基本構造』
現地調査に取り組んだブラジルなど多くの土地を訪れたが、「私は旅と探検家がきらいだ」と名著『悲しき熱帯』の冒頭に記している。

真理は一つの方向で進むわけじゃない

レヴィ＝ストロース

だが、そのサルトルの熱い呼びかけに「待った！」をかけたのが、**構造主義の祖**として名高い哲学者**レヴィ＝ストロース**（一九〇八年―二〇〇九年）である。

もともとレヴィ＝ストロースは、サルトルと旧知の仲で、二人は良好な関係にあったと言われている。それは、たとえば、レヴィ＝ストロースが世に出たときに、大哲学者としてすでに有名であったサルトルが、彼の後押しをしたことからも窺《うかが》い知ることができるだろう。だが、最終的に両者は徹底的な議論を行い、袂《たもと》を分かつこととなってしまう。レヴィ＝ストロースは、サルトルに対して、こんなことを言ったからだ。

「キミの言う、人類が目指すべき歴史なんてホントウにあるのかい？」

彼は、サルトルの哲学の前提をひっくり返すような懐疑を投げかけたのである。

しかし、なぜ彼は友人と仲違《なかたが》いしてまで、そんなことを言い出したのか？　それは、彼が、哲学者とは異なる特殊な視点を持っていたことに由来する。レヴィ＝ストロースは、今日においては哲学者としてその名を知られているが、実は、本職は人類学の研究者であった。

一九世紀以来の歴史を持つ人類学は、もともとは旅行者の日記や異国の地に住んでいる人々の話を聞きかじって、その国の文化を論文としてまとめるといった伝聞的な学問であったのだが、レヴィ＝ストロースの時代には、学者自らが異国へと赴《おもむ》き、そこで現地の人と一緒に生活しながらどんな文化があるのかを調査するといったフィールドワーク的な学問となっていた。レヴィ＝ストロースもその例に漏《も》れず、遠くアマゾンの地へと自ら赴き、そこに住むボロロ族やナンビクワラ族など、西洋文明の影響を受けていない、いわゆる「未開人」と呼ばれる人々の暮らしを身をもって体験したわけであるが……、そこで彼はとてつもない衝撃を受ける。だって、それまで西洋では「未開人」、つまり「アマゾンの奥地で暮らすなんとか族」の社会なんか「迷信だらけで幼稚で原始的なのだろう」とずっと軽んじてきたのだ。でも、実は一緒に暮らしてみると、驚くほど合理的で深遠な、西洋とは異なる彼ら独自の「社会システム（構造）」がそこにはあったのである。

この体験をきっかけに、レヴィ＝ストロースは、「彼らは未開人などではなく、西洋とは違った形態で発展した別社会の人類なのだ」と強く確信するようになり、ヘーゲルやサルトルの哲学――歴史は真理を目指して進んでいくという彼らの主張――を、ただの傲慢《ごうまん》な「思い込み」なのではないかと疑い始める。

なぜ、ヘーゲルやサルトルの哲学は、傲慢な思い込みなのか？

それはレヴィ＝ストロースに言わせれば、彼らの言う「歴史」とは、結局のところ、「西洋の歴史」にすぎないからだ。だいたいまず、西洋の何が傲慢かって、西洋人たちは、基本的に未開の地で暮らしている人々を「文明から取り残されたかわいそうな人々」であると見なしており、しかも、あんな彼らでも時間が経てば、いつか民主主義の議会政治を行い、いつか産業革命を起こし、そして最後には、近代的な工場で黙々と働く労働者になるだろう、とそういう見方をしてきたのである。つまり、当時の西洋人たちは、次のような尊大な考え方をしていたのだといえる。

「人類の歴史とは、たった一つのゴール（あるべき姿、理想の社会、真理）に向かって進展するものであり、オレたち西洋人はその最先端を歩んでいる。それ以外の異文化の人々は、オレたちの遥か後ろから遅れてついてきている発展途上の連中である。だから、どんな社会や国家だろうと、火の周りでウホホと踊ってる未開人だろうと、時間を重ねれば、いつかは必ず西洋と同じ文明に辿り着くのである。そしてオレたちは、最も進んだ人間として、発展途上の人々を導いてやらなくてはならないのだ！」

だが、レヴィ＝ストロースは、そんなのは西洋人の思い上がりで、ただの勘違いにすぎないと主張する。そして、彼は、今まで「未開」と考えられてきたさまざまな文化に隠された「深遠な社会構造」を取り出してみせることで、「西洋文明」など人類社会の一形態にすぎず、決して他と比べて優れているわけでも特別な存在でもないのだと明らかにしてみせたのである。

東洋における「歴史」

では、ここでちょっと一つ、西洋とは異なる文化の具体例をあげてみよう。たとえば、インドなどの一部の東洋では、「歴史」というものについて西洋とはまったく違った捉え方をしていたりする。

そもそも、西洋において歴史（時間）とは「過去から未来へ」と一直線に進むものであり、それゆえ、西洋では「過去とは、未開の悪い時代」そして「未来とは、過去の問題を改善したより優れた時代」なのだと考えられてきた。つまり、西洋人たちは、歴史を「一歩一歩階段を昇るように、究極の理想、神、真理へと近づいていく過程」なのだと捉えてきたのだ。だからこそ、彼らは、歴史の連続性を重視し、「何という名前の人間が、いつ生まれ、何を成し遂げたのか」という先人の足跡を年表としてきちんと残していくべきだと考えてきたのである。

だが一方、東洋では、それとはまったく異なる発想を「歴史」に対して持っている。そもそも、東洋において歴史（時間）とは、矢のように一直線に進むものではなく、「輪」のように永遠に巡《めぐ》るものであると考えられてきた。だから、東洋では、西洋の人々が言うところの「年表として記される歴史」について全然興味がなかった。つまり、「○○年前にAさんがいて、その人が○月○日に生まれて、△月△日にどこで何をした」という個別の事象には何の関心も示さなかったのである。

その代わり東洋には古来から、歴史上の出来事をすべて神話のような架空の物語として語り継いでいくという独特の文化があった。たとえば、野心に燃えて国を興《おこ》し、栄華を極めたあげく、女性にうつつを抜かし、すべてを失って滅んでしまった英雄がいたとする。西洋であれば、その英雄が、どこどこの何村の出身で、何年何月何日に生まれ、どのように育って、同時代の誰と親しかったのかなどなど、こと細かく調べて、その一生をきちんと記録に残そうとするだろう。だが、東洋では、そんなことにはいっさい興味を持たない。東洋では、その彼の一生に対して、どのような象徴的な出来事が起きたのか、という「本質」だけを取り出し、それを物語として語り継いでいこうとする。

なぜ、東洋はそんな大雑把なやり方をするのだろうか？　それは、東洋にとって歴史とは永遠に巡るものであるからだ。もし時間に終わりがなく、歴史が永遠に続くのだとしたら……、何万年前の昔から同じようなことが何度も繰り返されてきたはずだし、これから何万年先の未来においても同じようなことが何度も繰り返されるはずである。つまり、ある男が、女性に溺《おぼ》れて身を滅ぼしたとしたら……、それは何万年前の男も同じ目にあったに違いないし、何万年後の男も同じ目にあうに違いないのだ。すなわち、「時は移り、所変われど、人類の営みは変わることはなし」である。

結局、このように考えるならば、「千年前のAさんが……」「百年前のBさんが……」「十年前のCさんが……」といちいち個別に詳細な記録を残したって仕方がない。それにもし、西洋のように真面目にすべての出来事を年表に残していったら、いつしか、その年表は「人間が一生かかっても読みきれない量」になってしまうだろう。だって、時間は無限に続くのだから当然である。遅かれ早かれ必ずそうなる。仮に人類の歴史が百万年続いたとして、そこからでき上がった誰も読みもしない膨大な書物の山を指差して「これが人類の歴史だ」と叫んだところで、いったい何の意味があるのか。そんなのは、あまりにもバカげている。

だからこそ、東洋では、「個別の出来事や事件から、象徴的な内容（本質）を抽出し、それだけを記述して保存する」というやり方を試《こころ》みるのである。そして、新しい歴史的事件が起こるたびに、その物語を洗練させていく。つまり、より象徴的に物語を書き換えていくのだ。そうしていけば、いつしかその物語は「人間の本質」が色濃く浮き上がったものになるだろう。たとえば、王となり頂点に立ちたいと願う燃え上がるような野心。そして、望みどおり頂点に達したときの卒倒しそうなほどの歓喜。

しかし、望みを叶えたのちに訪れる喪失感、得たものを失うことへの恐れ、他者への猜疑心《さいぎしん》。

そういった「何度、時が巡ろうが、人間が人間である限り繰り返されるであろう本質」が記述された物語こそが、東洋にとっては「人類の歴史」と呼ぶにふさわしいものだったのである。

さぁ、どうだろう。こう聞くと、インドなど一部の東洋の「歴史」に対する考え方も「なるほど」と思える、なかなかのものではないだろうか。僕たち日本人は、西洋的な歴史教育を受けているから、ちょっと不思議な感じがするかもしれないが、一つの考え方としては「あり」ではないだろうか。

だが、近代の西洋人たちは、「歴史とは、唯一絶対の究極の真理に辿り着くための道程《みちのり》であるという自分たちの考え方」だけが「正統」であり、他の考え方はありえない、もしくは、あっても、未開の人々の勘違いや迷信だろうとずっと考えてきたのだ。レヴィ゠ストロースは、そういった西洋の一面的な考え方を批判したのである。

そして、それは、サルトルにとっては痛い指摘であった。なぜなら、サルトルは「人類の歴史には、目指すべき唯一の真理がある！　その歴史を推し進める役割を積極的に果たそうじゃないか！」と若者たちに熱く主張してきたのだ。それなのに、友人のレヴィ＝ストロースから「いいや、歴史はそんなふうに一つの方向にだけ進展したりはしない。世界にはさまざまな文化、価値観を持った社会が多数存在するのだ。そして、それらの文化や社会の間に優劣もないし、目指すべき唯一の文化、究極の社会なんてものもないんだ」とピシャリと反論されてしまったのである。実際、このレヴィ＝ストロースの反論により、サルトルの哲学は急激に影響力を失い下火となっていく。

このように、理性を重視し唯一の真理に向かっていこうとする近代哲学を「西洋中心主義の傲慢な思い込み」と断じた彼の批判は、西洋世界の知識人や哲学者たちに大きな衝撃を巻き起こしたのである。

Philosopher 10

実践重視の道具主義哲学者
デューイ
得意技 プラグマティズム

1859年～1952年
出身地：アメリカ　主著：『経験と教育』
シカゴ大学の教授時代、妻と小学校の実験学校をつくり、その指導経験をまとめた著作『学校と社会』で世に知られることとなる。

便利な考えを真理と呼べばいい

デューイ

歴史は弁証法によってより高い次元へと成長していき、唯一絶対の真理をめがけて進展していく……。それが、人間の理性を信奉する近代哲学（ヘーゲル）の最終的な結論であった。

だが、よりよい未来に進むはずの人類の歴史は、依然として悲惨な戦争を繰り返し続け、しかも世界大戦という大惨事を二度までも引き起こしてしまう……。そして、アウシュビッツに代表される、目を覆《おお》うような大虐殺。核爆弾など、人類を絶滅させ

かねない兵器の大量保持。「なーんだ、実は人類ってマトモな理性なんか全然持っていなかったのね」ということを証明するような歴史的事象の数々。もはや「人間の理性って素晴らしい。人間は理性を駆使すれば、どんな物事も改善していける。僕たちの歴史は理想の未来へ向かって進展しているんだ」という近代哲学の楽観的な主張を真に受けるものは誰もいなくなってしまった。

こうして説得力を失った近代哲学は批判的に見直されるようになっていき、そこから**現代哲学**と呼ばれる、今まさに僕たちの時代（現代）の哲学が始まるのである。ようするに、**中世哲学（信仰によって真理に到達しよう）**への批判から生まれたのが近代哲学であったのに対して、**近代哲学（理性によって真理に到達しよう）**への批判から生まれたのが現代哲学である、と考えればわかりやすいだろうか。つまり、ほんのついこの間まで「理性って素晴らしい、真理探究だ」と希望に燃えていた人類は、思うようにいかなかったその反動で「うわああ、やっぱり理性ってそんな万能じゃないんだー」と逆の方向にバタバタと思想が倒れてしまったのである。

さて、そんな時代の中で**プラグマティズム（実用主義）**という現代的な哲学思想が現れる。この「プラグマティズム」とは、ようするに、「真理かどうかはどうでもよく、実際の生活に役に立つかどうかだけを考えよう」というミモフタモナイ考え方のことである。

もともと、従来の哲学では、何らかの対象に対して、「その本質は何か？」という根源的な問いかけをし続けてきた。

「愛とは何か、人間とは何か、物質とは何か、国家とは何か、その本質はいったい何なのか⁉」

だが、プラグマティズムは、こう提案する。

「そんな結論の出ないことを延々と議論したって埒《らち》があかないから、『その効果は何か？』という実用的なことだけ問いかけようよ」

ようするに、「で？　それって結局、何の役に立つの？」という観点で、すべての物事を考えましょう、という話だ。

たとえばの話、「固い」ということについて、その本質を問いかけるのはとても難しい。実際、「固さとは何か?」と本質的な問いかけをすれば、いくらでも思索を続けることができるだろう。そして、人によってさまざまな答えが出てくるはずである。

だが、「固いということは、どういう効果を生み出しているか?」と実用の観点で問いかけたならば、「固い」を定義したり説明したりすることはそんなに難しいことではない。つまり、埒のあかない、堂々巡りの議論に陥《おちい》りたくなければ、最初から答えが出る意味のある問いかけをしてやればいい、というのがプラグマティズムの主張なのである。

生きるための道具

この「プラグマティズム」の代表的な哲学者である**デューイ**(一八五九年―一九五二年)は、自らの思想をわかりやすく**道具主義**と呼んだ。

彼は、人間の思考(理性)とは単に「生きるための道具」にすぎないと考えた。そのように人間の理性を定義してしまえば、何も難しく考える必要はない。すべてを「道具として何の役に立っているか?」というキーワードで考えればよいということになる。

たとえば、「人を殺したらなぜ悪いの？」は、はるか昔から多くの人によって議論されてきた問題であるが、いまだかつて明確な答えが導き出されたことはない。では、それはなぜかというと、デューイに言わせれば、「問題が難しいから」ではなく「問題の設定の仕方が悪い」のである。つまり、その問いかけを「人を殺したら悪い、という決め事は何の役に立つの？」という道具主義的な問いかけに変えてやればいいのだ。そうすれば、答えを出すことも、客観的な議論も可能である。

たとえば、実際に、「人を殺したら悪い、という決め事がなかった」場合のことを考えてみればいい。そうすれば、どうなるか？　おそらく、「いつ他者から殺されるかわからない」という状態になり、僕たちはおちおち夜道を歩くこともできなくなる。それだと生活に支障がでるし、いちいち殺されることを心配しながら過ごすのは、まったくリーズナブルなことではない。

じゃあ、どうすればいいのかというと、「人を殺すことは絶対にいけないことです！とにかく、絶対にいけないことです！　それが道徳です！」と絶対的な約束事として、子供の頃から教え込んで洗脳状態にすることが一番、確実で安心である。

さて、こう言うと「なぁーんだ、それが（人を殺してはいけないなどの）道徳の正体だったんだ」ということになるが、この考え方は決して、道徳の価値を否定するものではない。

むしろ、その道徳の正体が、社会的な都合で生まれたものであれ、確実にみんなの生活の役に立っているのだから「素晴らしい道具」であると見なすことができ、「（その恩恵にあずかってる人々にとって）真理」だと考えていいのである。

「Aを信じることが人間にとって有用性があるとしたら、Aの真偽によらず、Aは真理である」

この道具主義の哲学に従うなら、真実が必ずしも有効ということにはならなくなる。つまり、現実とは明らかに違う「ウソ」も真理となりえるのだ。

たとえば、もしあなたが、一年後に死ぬことがわかっていたとして、それを知らされたら、人生に絶望して、一年間を楽しめないのだとしたら……、その真実は知らせるべきではないだろう。すなわち、「一年後に死ぬ」というのは「真実」であっても「真理」ではないのだ。むしろ、「あなたは健康ですよ」というウソの言葉の方が「真理」になるのである。

Philosopher
11
デリダ
現代哲学最強の真理批判者

得意技
脱構築

1930年〜2004年　出身地：アルジェリア
主著：『エクリチュールと差異』
フーコーをはじめ、多くの哲学者と激しい論争をし、共産政権下、チェコの反政府運動を支援するなど、広く社会運動も行った。

到達できない真理を求めるのは不毛だ
デリダ

ジャック・デリダ（一九三〇年―二〇〇四年）は、アルジェリア出身のフランスの哲学者であり、**ポスト構造主義**と呼ばれる現代哲学の旗手である。そのデリダの哲学とは何かといえば、ようするに、西洋批判と真理批判であるといっていいだろう。

デリダは、西洋文明を音声中心主義であるとして批判した。**音声中心主義**とは、ものすごく簡単に言えば、「話し手を大事にする文化」のことだと思ってもらえればよい。本書ではイメージしやすいように**話し手中心主義**と呼称を変えてみようと思う。

さて、そもそも会話というものは、「話し手」と「聞き手」の二人がいてはじめて成立するものである。この両者の関係は、下図のように示される。

（1）「話し手」が、「言いたいこと（意図）」を思い浮かべる。
（2）「話し手」は、それを伝えるため、言葉にして発話する。
（3）「聞き手」が、その言葉を聞く。
（4）「聞き手」は、その言葉を解釈し、相手が言いたかったことを理解する。

図からもわかるとおり、

・話し手は「自分の意図を伝えるため、意図を言葉にし

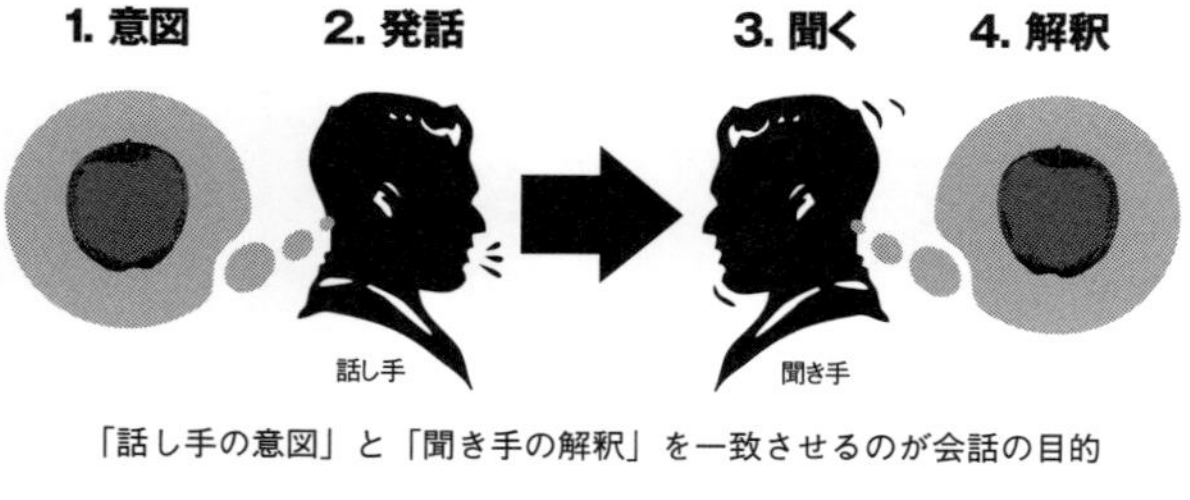

「話し手の意図」と「聞き手の解釈」を一致させるのが会話の目的

て発話する」作業を行う
・聞き手は「受け取った言葉を解釈して、相手の意図を理解する」作業を行う
という役割分担になっている。

ここで会話とは「聞き手が、話し手の言葉を聞いて、その意図を理解すること」を目的に行われるものであるから、つまるところ、会話とは「話し手が、聞き手に自分の意図を伝えるゲーム」もしくは「聞き手が、話し手の意図を理解するゲーム」であるといえる。

だから、たとえば、ある話し手が「意図Ａ」を伝えるために何らかの言葉を発し、それを受け取った聞き手が「意図Ｂ」であると理解したとき、意図Ａと意図Ｂが全然違うものであるとしたら、その「会話（ゲーム）は失敗した」ということになる。もちろん、「話し手の言葉遣いが正確ではなかった」「聞き手の解釈がおかしかった」など、どちらが悪いかという議論はあるだろうが、少なくとも聞き手が「話し手の意図」を正確に摑み取れなかった時点で、とにかく会話は不成立である。つまり、どんなに優れた聞き手がどんなに素晴らしい理解をしようとも、聞き手の理解が「話し手の意図」と一致しない限りはダメなのだ。すなわち、この会話というゲームにおいて「話し手の意図」というのは、聞き手にとって「正解」であり、到達すべき「真理」

のようなものなのである。

では、ちょっとこんな想像をしてみてほしい。ここに一冊の本があったとする。その本は、文学でも哲学書でもなんでもいいが、とにかく難解な文章で、よくよく読まないと何を言っているかわからないような本である。ここで、あなたはそういう本を読んでいて、「ふむふむ、この文章は、こういうことを言ってるんだな」と何かしらの理解をしたとする。では、あなたのその理解が「正しい」といえるのはどういうときであろうか？　それは当然、その理解が「文章を書いた人（話し手）の意図」と一致しているときである。だから、その本を書いた作者のところに直接押しかけて、ドアをガンガン叩きながら、「この文章って、こういう意図なんですか？」と聞いてみればいいのだ。作者から「そうだよ」と言われれば正解だし、「違うよ」と言われれば不正解だ。それで、自分の理解が正しかったのかどうか、はっきりする。

だが、もし作者がすでに死んでしまっていたとしたら、どうすればいいだろうか？　その場合、もはや作者に意図を聞くことはできない。仮に作者の生前を知る人や、その人の日記などから推測したとしても、ある一文が「ホントウ」のところどういう意図で書かれたかなんてことは、本人に直接聞かない限り、やはり推測の域を出ないだろう。

とすると、読み手である自分の理解の「正しさ」を確かめる術はもはやなく、「作者の意図なんか知るよしもない」ということになる。だから、そんな絶対にわからない真理をめぐって、「きっと、彼の意図はこうだったんだ！」なんて断言したところで、そんなのはすべてただのヨタ話にすぎない。

にもかかわらずだ。僕たちは、この手のことでよく争うことがある。たとえば、ネットなどで哲学系の議論場をのぞけば、いくらでもこんな会話が見つかるだろう。

「おまえ、全然わかってないな。カントがホントウに言いたかったことはこういうことなんだよ！」

「いやいや、おまえこそわかってねえよ、カントが言いたかったことは、ホントウはこういうことだ！」

彼らは、故人であるカントの書いた文章について、カントの意図（話し手の意図）という「もはや絶対に手に入らない真理」をめぐって論争しているのである。

読み手中心主義

決して手に入ることのない幻のような真理をめぐって互いに傷つけ合う不毛な言い争い。

デリダは、今まで西洋がずっとやってきた真理探究とは基本的にそういうものであると主張した。そこで、彼は、「話し手の意図」よりも「読み手の解釈」の方を大事にしましょう、という「価値観の逆転」を提案する。

「わからないものは、しょうがないじゃない。だから、もう作者（話し手、書き手）の意図なんて、それほど気にしなくてもいいじゃない。読み手それぞれが、文章を読んで好きに解釈したらいいじゃない。そして、そのそれぞれの解釈が真理（正解）ってことでいいじゃない」

こんなふうにデリダは、「書いた人の意図なんか無視

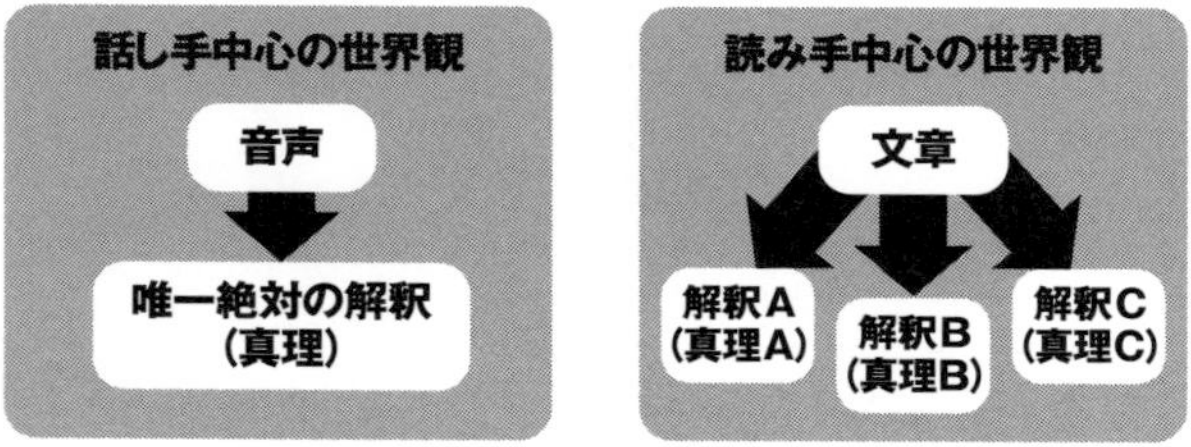

「話し手中心主義」を批判し、「読み手中心主義」を主張

して、文章（言葉）を自分の解釈に従って読み直してしまってもいいんだよ」という大胆な**読み手（聞き手）中心主義**を主張したのである。

たとえば、あなたが、誰かに向かって何かを「話した」とする。

そのとき、もし相手が、自分の意図とは違う理解や解釈をしていたら、「いやいや、違う違う。そういうことじゃないんだ」と聞き手の理解や解釈を否定したくなるだろう。なぜなら、僕たちは、聞き手は「話し手の意図」という正解に達しなくてはならない、という固定観念を持っているからだ。そして、だからこそ、話し手である自分の意図をまるで「絶対的な真理」であるかのように見たてて、その真理への到達を相手に強要しようとする。

しかし、そもそも「相手が自分の意図を正しく理解した」ということはどうやってわかるのか。先のたとえ話で、話し手（作者）に直接聞いてみればいいじゃないかと述べたが、実のところ、そのやり方も怪しい。だって、相手が「あなたの意図をこのように理解しました」と説明したり、「あなたの意図はこれこれですか？」と問いかけたりしたところで、それもやはり言葉であるからだ。つまり、ある言葉Aの意図を確かめるために言葉Bを使い、その言葉Bの意図を確かめるために言葉Cを使うわけなのだから、どこまでいっても、意図なんて確かめられない。結局のところ、僕たちは意図をやり取りしているのではなく、言葉をやり取りしているだけなのである。

でも、「言葉を辞書どおり正確に理解すれば、意図も理解できるはずだよ」と言う人もいるかもしれない。しかし、実際のところ、それは「思い込み」である。

たとえば、英語の翻訳を考えてみてほしい。ある外国人が「アップル」という言葉を発したとする。彼の意図は明らかで、「リンゴ」という意味の言葉を発したに決まってる……と思ったら大間違いだ。だいたい、なぜ「アップル」はリンゴなのだろうか？　もちろん、英和辞書には、たしかにそう書かれている。だが、その辞書が正しいという保証はどこからくるのだろう。

そもそも、一番最初の英和辞書はどうやって作られたのか。すなわち、全然知らない未知の言語を母国語に翻訳するとはどういうことなのだろうか。

ちょっとこんな想像をしてみてほしい。あなたは、船で旅行中、運悪く難破してしまい、まったく知らない言葉を話す外国に辿り着いてしまったとする。このとき、あなたは、その国の人たちが何を言ってるのかまったくわからない。だが、一緒に生活しているうちに、なんとなく相手の言っていることがわかるようになるだろう。たとえば、彼らは「リンゴ」を指差しながら、「アップル！」と叫ぶ。それを見たあなたは、「アップル」とは「リンゴ」なのだろうと考えるといった具合だ。そして、それを忘れないようにメモとして書き残していく。そういうことを延々と繰り返していけば、いつしか、謎の言語と日本語の対応づけができた「辞書」が完成するだろう。だが、そうやって作られた辞書はホントウに正しいのだろうか？　だって、外国人が「アップル」と話したとき、その意図をどうやって確かめたのだろうか。

実際のところ、その言葉の意図を確かめることなんかできない。なぜなら、あなたが現実に受け取れるのは、意図ではなく、謎の言語だけだからだ。だから、実はもしかしたら……、外国人の「アップル」とは、「リンゴ」ではなく、「なんて赤くて丸いのかしら！」という意図の言葉だったのかもしれない。その場合、「アップル」とは、「うわっ！　赤っ丸っ！」が正しい日本語訳ということになるだろう。

しかし、その訳がホントウに正しいかどうかも決してわからない。繰り返すが、僕たちは言葉をやり取りしているだけであって「意図そのもの」を直接やり取りしているわけではないのだ。だから、翻訳（意図の解釈）の正しさなんてホントウは誰にもわからない。これは原理的な問題であり、結論として、一般的には「絶対確実に正しい」と思われている英和辞書も、「こういう状況で発せられた言葉なのだから、きっとこういう意図なのだろう」という思い込みから作られた、実は誤訳を含んでいる可能性のある「不確実」なものなのである。

そして、気がつくだろうか。この事態は、実は、日本語同士でも起こっているのだということに。船が難破して気がついたら、まったく見知らぬ言葉を使う国で目が覚めた。そこで相手が言葉を使うときの状況から、その言葉の意図を自分なりに想像して使い方を覚えていく。これは、僕たちが「赤ちゃんとして生まれ、この世界にやってきたとき」とまったく同じではないだろうか。つまり、僕たちは、通常、日本語を辞書どおり正確に使えば、必ず相手に意図が届くと思いがちであるが、実はそうではないのである。あなたが理解している日本語の解釈とは、あなたが勝手に推測からつくり出したものにすぎないのだ。だから、実際、どこでボタンを掛け違えているかわかったものではない！　もしかしたら、テストの解答欄が一つずつズレているかのように、あなただけ言葉の解釈の仕方がみんなと違っているのかもしれない！　そして、ズレていても、うまいことツジツマが合っていて会話が成り立ち、そのズレに気がついていないだけなのかもしれない！

その可能性は原理的にいって否定できない。「リンゴってリンゴだよね！」と叫んでも、僕たちは何ひとつ確かめることはできないのである。

でも、元来、言葉とはそういうものなのだ。コミュニケーションとはそういうものなのだ。

会話とは、言葉を使うときの状況から推測した「きっとこういうことだろう」という「(決してホントウかどうか確かめられない) 個人の解釈」によって成り立っているのである。


そして、だからこそ、デリダは「読む (解釈する)」ということを重視する。それが実態に即しているからだ。僕たちは、一般的に、聞き手は「話し手の意図」という真理に到達できるし、到達して当然だと思い込んでいる。そして、意図を伝えられない話し手や、意図に到達できない聞き手を、コミュニケーションができないダメ人間として非難する。しかし、現実には、「意図」なるものは、到達できない真理であり、想像したり解釈したりするしかない不確定な代物《しろもの》なのである。

結局、僕たちが到達できるのは「書かれた文章」「話された言葉」だけであり、それらの文章や言葉から、各人が自分の真理 (その言葉の意図) を構築していけばいいし、「そもそも各人が自分で構築するものなのだ」という自覚こそが重要なのである。

話し手中心主義から、読み手中心主義への転換。デリダは、決して手に入らない真理 (意図) をめぐって、不毛に争い合う西洋的な考え方を批判し、他者による再解釈を許容する、という新しい価値観の可能性を提示したのである。

結局、現代において「真理」とはいったい何なのだろうか?

デリダのところで見たように、「絶対に得ることのできない真理」をめぐって、「こうに違いない!」「いや、絶対こうだ!」などと争うのはまったくバカげている。だから、「与えられた現実(文章)」から人それぞれの「解釈」で真理を見つければいいじゃないか、という考え方は、とても現実的で妥当なものであるといえる。また、デューイの「道具主義」のような観点で、人それぞれで実用的な考え方を選んでいくというのも一つの手だろう。

だが、それらは、少なくともソクラテスや、その弟子の学徒たちが、命を賭けても辿り着こうとした真理(ホントウの何か)とは何だか違うような気もする。というより、結局のところ、人類の真理探究の旅は、ぐるっと一周して、「真理なんて人それぞれさ」という紀元前の時代に戻ってしまったかのようだ。

なぜ、そうなってしまったのだろう? ここでは、その理由をざっくりと二つに絞《しぼ》って説明してみようと思う。

(1) 真理を求める闘争は致命的

互いに異なる主張が出てきたとき、「人それぞれさ」なんて冷めたことを言わずに徹底的に闘争して、より高い真理を見つけていくべきだというのが、近代哲学の考え方であった。それは、古典的な漫画で言うところの「宿命のライバル同士が川原で殴り合い、最後は和解して仲良くなって大団円」というお約束のパターンである。

だが、現代は、もうそんな甘い時代ではない。各国が保有する恐るべき殺戮《さつりく》兵器の数々——核兵器、細菌兵器。もし彼らが、意見の相違から喧嘩して、何かの拍子でその一つでも使ってしまえば……、三度目の世界大戦勃発《ぼっぱつ》、そしてそのまま人類は滅亡。そういった引き金になりかねない、とんでもない兵器を人類は大量に持っているのだ。そして、そんな状況にもかかわらず、人間たちは、いまだに「真理」と呼ばれる絶対的な価値観（神様、理想の政治思想）を争点にして、戦争寸前の状態にある。だから、もはや人類は「真理を求めるために徹底的に闘いましょう」なんて、昔のようなやり方を手放しで推奨することができなくなってしまった。いまや世界は「人間の真理を求める気持ち」によって滅亡してしまうかもしれないという危機的状況なのだ。

そんな恐れのある時代だからこそ、現代の知識人たちは「まぁまぁ、人それぞれ、国それぞれってことでさ、異文化も、異教徒も、異なる政治思想も、みんな仲良くやっていこうよ」とことさらに叫び、相対主義を推奨せざるをえないのである。

(2) あらゆる学問での限界点発見

もう一つ、現実問題として真理探究そのものがどん詰まりにきてしまったという事情もある。たとえば、絶対的な真理の探究に挫折してしまったのは、哲学だけではない。実は、科学や数学を含む、あらゆる学問が真理探究についてすでに敗北を認めていたりする。不思議なことに、哲学が、近代哲学から現代哲学へと移り、理性や真理の批判を始めた頃、それに呼応するように、さまざまな学問で「真理探究の不可能性」を証明する理論が次々と発見されていったのだ。シンクロニシティ。それは、科学や数学という学問界最強のツワモノたちが、こぞって自ら敗北を求めるかのような異常事態であった。

たとえば、物理学における**不確定性原理**の発見。

そもそも、物理学において、到達すべき「真理」とは何かといえば、それはやはり「あらゆる物理現象の解明」であろう。そして、実際、科学者たちは研鑽を積み重ね、分子、原子、原子核、陽子と、どんどんミクロの世界を明らかにしていき、きっと近いうちに世界を構成している「物質（という物理現象）」の正体も完全に解明できるであろうと思われていた。だが、「不確定性原理」の発見により、その試みはすべて破綻《はたん》してしまう。

不確定性原理とは簡単に言えば、「科学的観測の限界」を示す理論のことである。この理論により、物理学において「原理的に絶対に観測不可能な領域」が存在することがわかってしまう。どんな優秀な科学者だって、「物理的に観測できないもの」についてはどうしようもない。せいぜい、「ホントウはこうかもね」と想像を語るぐらいである。結局、物理学は「科学的観測の限界」が明らかにされてしまったため、その限界の向こう側に広がる世界については、もはや科学的な探究は不可能となってしまったのである《なお、不確定性原理の詳細とこのあたりの事情については、飲茶著『哲学的な何か、あと科学とか』（二見書房）を参照》。

たとえば、数学における**不完全性定理**の発見。

古くから数学というものは、どのような数学的命題であっても、真偽の判定ができる完璧な究極の論理的体系であると思われてきた。だが、驚くべきことに実際にはそうではないということが数学的に証明されてしまう。その証明の名が不完全性定理であるが、それを簡単に言うと、数学は自分自身の中に「ホントウに成り立っているかどうか証明できないヘンテコな命題（数式）」をつくり出すことができてしまうという定理である。そういうヘンテコな命題が内部に含まれる以上、数学は完璧な論理的体系とは言い難い。じゃあ、そういうヘンテコな命題をやっつけるため、数学体系を拡張して、さらに完璧で強力な体系を構築すればよさそうであるが、それでもやっぱりその体系にとってのヘンテコな命題（証明できない問題）が現れてくる。結局、イタチゴッコで、どんなに完璧に見える数学体系を構築しようと、必ず証明不可能な命題が現れてしまい、完璧だといえる数学体系をつくり出すことはできないのである《なお、不完全性定理の詳細とこのあたりの事情については、飲茶著『哲学的な何か、あと数学とか』（二見書房）を参照》。

結論として、人間は、不確定性原理を乗り越えて、宇宙の真の姿を明らかにすることはできないし、不完全性定理を乗り越えて、数学体系を完璧なものにすることはできない。そのほかにも、カオス理論、ラッセルのパラドックスなど、学問の完成を妨げる新理論が、現代に突入してから次々と見つかっていく。

つまり、時代が進むごとに真理が明らかになるどころか、「到達できない真理」がたくさんあるということがどんどん示されていったのである。

これらの学問の限界の発見は、学問を発展させていけば、いつかは世界のすべてがわかるだろう、と素朴《そぼく》に期待していた人々に大きな失望を与えた。かつてカントは、真理を「人間の経験形式の範囲で探究可能なもの」として定義したわけだが、とうとう人間は「科学的に観測可能な範囲」「数学的に証明可能な範囲」の限界を明らかにしてしまい、「はい、僕たちが探究できるのは、ここまでです。ここから先は、原理的にわかりません、絶対知りえません」という「探究の限界」までも明らかにしてしまったのである。

さて、ではこれらのように真理探究の問題点や限界がはっきりと示されてしまった現代において、僕たちは、真理に対してどんな態度をとりえるのだろうか？

ところで、現代哲学の主要なテーマといえば、「理性批判、西洋批判、真理批判」の批判三兄弟であるが、実はもう一つ**他者**という重要なキーワードがある。この「他者」というキーワードを絡《から》めながら、「真理とは何か？」をもう一度考え直してみよう。

Philosopher 12

「他者」を考え抜いたユダヤ人

レヴィナス

得意技 他者論

1906年～1995年
出身地：リトアニア　主著：『全体性と無限』
収容所から生還した戦後は、東方イスラエル師範学校の校長となり、生徒たちの生活を支援したり、パリ大学などの教授を歴任した。

私と「他者」との関係を成り立たせるもの

レヴィナス

現代哲学には、**他者論**と呼ばれる哲学の分野があり、その代表的な哲学者が**レヴィナス**（一九〇六年—一九九五年）である。

ユダヤ人であったレヴィナスは、第二次世界大戦中、ナチスドイツによるユダヤ人虐殺により、家族、親族、友人のほぼ全員を失っている。そして、彼自身もナチスの捕虜となり収容所に捕らえられていた。彼は、自分たちユダヤ人のことをこう表現している。「迫害されるために選ばれた民族である」と。

ユダヤ人として人間以下の扱いを味わった彼は、いつしか、ある恐怖にさいなまれるようになる。それは、人間がどんなに無残に殺され死んでいっても、世界は何事もなかったかのように「継続していく」という事実そのもの……。彼は、明日、自分が殺されるかもしれないという恐怖と同時に、その死とまったく無関係に存在し続ける「世界」に恐怖した。

――明日、突然私がいなくなったとしても、何事もなかったかのように機能してゆく。私はこの世界が恐ろしいのだ……。

彼は、その恐怖を「イリヤ」と名づけた。「イリヤ」とは、「存在する（そこにある）」という意味である。彼は、自分が死んでもなお存在し続ける「世界」を恐ろしいものだと考えた。自分の生死に無関心な「世界」……。何のために、何の意図を持って、そこにあるのか、まったく理解不可能な「世界」……。彼は、そこに絶対的な「他者」を感じるようになる。

こうして、レヴィナスの憂鬱《ゆううつ》な哲学――「他者論」が構築されるわけだが、それに触発され、他の哲学者たちも気がつき始める……。この世界が、たくさんの「他者」、すなわち、「私に対して無関係にそこにあり、かつ決して理解できない不愉快な何か」で満ちあふれていることに……。

たとえば、先に述べた科学における不確定性原理。物理的に観測不可能な限界点。結局、物理学とは「物理的に観測可能な範囲」という「囲い」の内側の学問であり、その「囲い」の外側にはもはや物理学では規定できない物理現象――すなわち、物理学にとっての「他者（理解できない何か）」が存在する。

たとえば、先に述べた数学における不完全性定理。どんなに完璧に見える数学体系という「囲い」を作っても、必ずその「囲い」の外側が存在し、そこには「その数学体系にとって証明不可能な命題」――すなわち、数学にとっての「他者（理解できない何か）」が存在する。

これらもすべて、レヴィナスが言うところの「他者」の一つである。ただ少し違和感を感じる人もいるかもしれない。なぜなら、僕たちが日常的に「他者」と聞いて思い浮かべるものといえば、単純に「他人」のことであるからだ。だが、現代哲学において「他者」とは、「私の主張を否定してくるもの」「私の権利や生存にまったく無関心なもの」「私の理解をすり抜けるもの」など、さまざまな意味を表す抽象的な言葉となっている。

といっても、あまり小難しく考える必要はない。ようするに、「自分の思いどおりにならない」「なんだかよくわからない」といった「いわゆる他人的な性質を持つもの」をすべてひっくるめて、哲学者たちがカッコよく「他者」と名づけた、という程度に思ってもらえればいいだろう。

そして現代において、哲学者や科学者たちが、探究の末に辿り着いた先にあったものが、この「他者」であった。つまり、どんなに完璧だと思える学問体系を打ち立てようと、必ずそこに「なんだかよくわからない他者」が現れ、完成を阻《はば》んでしまうという無情な現実。不確定性原理しかり、不完全性定理しかり。どのような理論を構築しても必ずヤツが――「他者」が現れてくる……。

そもそもの話をしよう。たとえば、「あいつってバカだよね」という文章があったとする。だが、その文章を丸ごと「括弧《かっこ》」でくくって、遠くから、バカにする「他者」の存在が可能である。

「『あいつってバカだよね』なんて言ってるあいつ自身が一番バカだよね」

だが、その言説も、丸ごと「括弧」でくくり出す他者が必ず存在する。

「『『あいつってバカだよね』なんて言ってるあいつが一番バカだよね』って言ってるあいつが一番バカだよね」

そして、その言説も丸ごと「括弧」でくくり出して否定する他者が……。

無限に続く「他者」の連鎖。どのような言説を述べようと、それを否定する「他者」の存在だけは決して否定できない。

結局、宗教も科学も哲学も、世界を何らかの形で記述して説明しようという試みの一つであるが、それはようするに、何らかの言葉の組み合わせであり、何らかの「囲い（文章）」を作ることなのだから、その囲いの外側には「他者」――すなわち「違うと否定するもの」「囲いに含まれないもの」が必ず存在してしまうのである。

この他者論という観点に立つならば、「誰にも否定されない絶対的な真理」をつくり出すことは、どうあがいたって不可能である。その原理的な構造が明らかになった以上、ソクラテスから始まった哲学の「絶対的真理の探究」の旅はすでに終わっているといえる。人類は「他者」という異形の怪物の前になす術もなく敗北してしまったのだ。

「他者」に見いだす可能性

しかし、「他者」とは、真理への到達を妨《さまた》げる忌《い》むべき存在というだけではない。一方でこんなふうに捉えることも可能であるように思う。

「他者とは、私という存在を自己完結の独《ひと》りぼっちから救い出してくれる唯一の希望であり、無限の可能性である」

ちょっと想像してみてほしい。もし世の中に「他者」が存在せず、人類が「絶対的な真理」に到達し「究極の理論」を完成させたとしたら……。たとえば、すべての数学の問題が解けてしまう完璧な数学体系。たとえば、すべての物質の動きを完全に予測できる完璧な物理学理論。たとえば、いっさいの反論の余地のない完璧な哲学体系。たしかにそれらは人類が夢見てきた「学問の完成」である。だが、そこに到達した世界は、ホントウに僕たちが望んだ理想の「世界」なのだろうか。いや、きっと、そこに待っているのは、ただの自己完結……。何の知的好奇心も起こらない、永遠の停滞と絶望が広がる退屈な世界であろう。

だが、幸運なことに、現実にはそうはならない。なぜなら、どんな科学、数学、哲学をつくり出そうと、必ずその外部から「違う」と叫び、叩《たた》き潰してくる、まったく理解不能で無慈悲で残酷な「他者」が現れるからだ。そして、その「他者」がいるからこそ、僕たちは自己完結の停滞に陥ることなく、無限に問いかけ続けることができるのである。


「世界は、ホントウは、どうなっているのだろう？」

「人間は、ホントウは、どう生きていけばいいのだろう？」


ところで、ここで使われている「ホントウ」という言葉の意味はなんだろうか？

もともと、こういった文脈で使われる「ホントウ」とは、「真に」という意味である。したがって、「ホントウ」とは「真理」を指し示す言葉なのだということができる。

では、僕たちがこの「ホントウ（真理）」という言葉を使うのはどういうときなのだろうか？

それは、僕たちが対象の物事について真実を把握しておらず、しかもそれが確認不可能なときである。

「宇宙の果ては、ホントウはどうなっているのだろうか？」

「彼は、青色をホントウは『赤色』として見ているんじゃないのだろうか？」

つまり、「（わからないが）ホントウはどうなんだろう」「（知らないけど）ホントウはこうなのかな」というときである。実際の話、対象について自明で絶対確実な場合には、そういう言い方はしないはずだ。だから、「ホントウ（真理）」とは、実のところ、わけのわからない「他者」と相対《あいたい》しているときにのみ使われる言葉なのである。だとするならば、「ホントウ（真理）」という言葉の正体とは、理解不可能な「他者」の中に見いだす新しい「可能性」のことであると言えないだろうか。

もちろん、「他者」が「他者」である以上、何を見いだそうと「違う！」と拒絶されることは確実である。でも、だからといって、そこで「他者」を無視したり、見て見ぬふりをしたりしてはいけない。だって、もしそうしてしまったら、そこにあるのはただの自己完結、不毛な独《ひと》り言《ごと》になってしまうからだ。

だからこそ、僕たちは「他者」から逃げ出さず、「他者」を殺してはいけないのである。「他者」を殺すというのは、いわば、対話の相手として決して反論せぬマネキンを持ち出し、無抵抗をいいことにそれに向かって主張するようなものである。そんなことをしたって何の意味もない。それは「他者」という強敵からの逃走行為であり、「真の敗北」である。だから僕たちは、目を背けず、無視せず、殺さず、関係を絶たず、「他者」と対話しなくてはならないのだ。「ホントウはこうなんじゃないか?」と問いかけなくてはならないのだ。他者からの拒絶により、たとえどんなに傷つくことになろうとも。

真理(ホントウ)を求める熱い想い

現代において真理とは何か。一つ絶対に確実だと言えることがあるとしたら、それは、「私がどんな真理を持ち出して正しいと叫んでも、それを否定する他者が必ず存在すること」である。仮に、この言葉を否定しても、否定したということがこの言葉の正しさを証明することになるだろう。この論法は、かつて、デカルトが「どんなに疑っても、疑っている私の存在自体は疑えないから絶対的に確実である」と述べたのと同様のものである。すなわち、絶対に確実だと言えることとは、「私」と「他者」

の存在なのだ。実際、肩書きや名前など、すべての装飾を取り払って、本質だけを見るならば、「世界」とは、この二者によって構成されているといえるだろう。

しかし、「私」と「他者」の間には、良好な関係は成立しない。「他者」とは、本来、「私」にとって不快なものであるからだ。サルトルは「他者」についてこう述べている。「**他者とは地獄である**」。レヴィナスは「他者」についてこう述べている。「**他者とは私が殺したいと意欲しうる唯一のものである**」。

だが、「他者」とは、「私」にとって「意図」の確実な疎《そ》通《つう》ができない不愉快で理解不可能な対象であると同時に、だからこそ、「問いかけ」が可能な唯一の存在でもあるのだ。そして、僕たちは、「他者」に「ホントウはどうなんだろう？」と真理を問いかけることにより、「新しい可能性」「新しい価値観」「新しい理論」を無限に創造し続けていくことができる。つまり、本来、うまくいかないはずの「私」と「他者」との関係（対話）を断絶させずに成り立たせている原動力とは、人間の「真理（ホントウ）を求める熱い想い」なのである。

真理という幻想は、そのためにこそあり、それこそが真理なのではないだろうか。

第二ラウンド

国家の『真理』

――僕たちはどうして働かなきゃいけないの？

絶対的な権力をふるう最凶の怪物「国家」。

愚かな民衆が選んだ政治家は
正しく国家を導くことができるのか？
このような根本的な懐疑は
遥か紀元前の昔からあった。
その懐疑から真の国家を求める
哲学者たちの探究の歴史が始まった。

はたして国家の正体とは何なのか？
みんなを幸福にする理想の社会システムとは何なのか？

共産主義が倒れ、資本主義が勝利し、
モノがあふれる時代となった現代。
豊かになったはずの国家で、
なぜ我々はいまだに
時間に追われて労働し続けなければ
ならないのか？
そして、突きつけられる衝撃の事実。

「国家を動かしてきたのは、
政治家ではなく、哲学者だった！」

国家という巨大な怪物を
突き動かしてきた哲人たちの物語。

第二幕開始！

［古代］
国家論を考えた哲人たち
プラトン
アリストテレス

［近代］
王VS人民　国家の主権はどっちだ
ホッブズ
ルソー
アダム・スミス

［現代］
幸せに生きるために、必要なものは？
マルクス

Philosopher 13

哲学界の最強エリート

プラトン

得意技 イデア論

紀元前 427年～紀元前 347年
出身地：ギリシア　主著：『国家』
「西洋の哲学は、プラトンへの注釈にすぎない」と言われるほど、その影響は絶大であった。体格が立派で、レスリングが得意だった。

哲学者こそ国家の支配者だ！

プラトン

国家とはいったい何だろう？　僕たちは生まれたときから国家に所属しており、当たり前のようにその中で生きているわけだが、よく考えてみると、なぜそんなものがあるのだろう？　そして僕たちの国家は、これからどこへ向かおうとしているのだろうか？

哲学史において、最初に国家について深く考えた哲学者といえば、やはり古代ギリシアの**プラトン**（紀元前四二七年―紀元前三四七年）であろう。それは、彼の書いた本のタイトルを見ればよくわかる。その名も『国家』。そのままである（笑）。

　さて、プラトンといえば、**イデア論**を唱《とな》えた哲学者として有名であるが、そのイデア論とはいったい何だろうか？

　ちょっと左の絵を見てほしい。

三角形っぽいが、厳密な三角形ではない

　僕たちは、普通、これを見て「ああ、三角形の石だね」と思うわけだが、よく見ると微妙に歪《ゆが》んでいるし、角だって丸まっているし、厳密な意味では全然三角形ではない。実際、「これは『厳密な三角形』ですか？」と問われたら、「いや、三角形っぽいだけで、厳密な三角形ではないよ」と答えるはずだ。

　でも、これって不思議なことじゃないだろうか。だって、僕たちは「厳密な三角形じゃないよ」と言いつつ、その「厳密な三角形」というものを実は一度も見たことがないのだ。

たとえば、上の絵のような綺麗な三角形があったとしても、その一部を拡大していけば、いつかはガタガタしているのが見えるわけで、厳密な意味では全然三角形ではない。こんな綺麗な三角形でも、「厳密な三角形ですか？」と聞かれたら、「いいえ、違います」と答えざるをえないだろう。

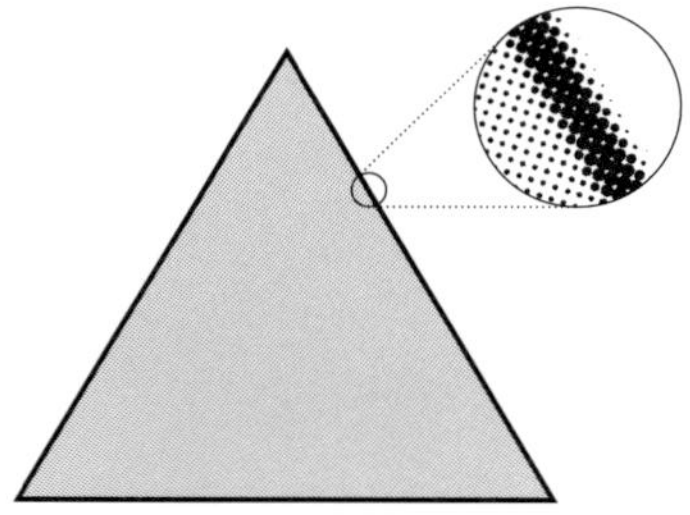

これも厳密な三角形ではない

でも、かといって、「じゃあ厳密な三角形を見せてください」と言われても困ってしまう。なぜなら、幾何学的な定義としての「完璧に厳密な三角形」というのは、そもそも、僕たちの目に見えるものではないからだ。

ちょっとここで話を簡単にするため、三角形の代わりに「線」で考えてみよう。たとえば、ここに、幾何学の定義に従った「完璧に厳密な線」があったとする。でも、その線が、僕たちの目に見えることはない。だって、厳密な線には、「幅」がないか

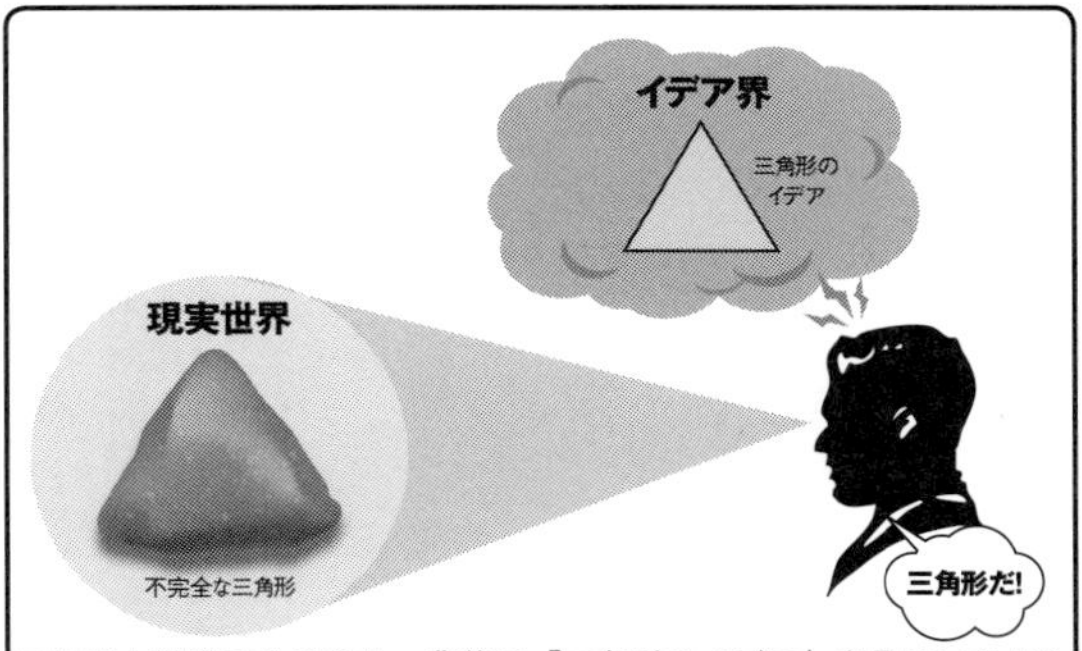

三角形と認識できるのは、背後に「三角形のイデア」を見ているから

らだ。視覚的にいって、そもそも「幅」がないものを、僕たちは見ることができない。だから、たとえば「―――（↑これ）」は一見すると「線」に見えるかもしれないが、見えているという時点でそれは「幅」を持っており、もはやそれは「棒」であって「線」ではないのである。

そして、つまるところ、「厳密な三角形」とは、「厳密な線」が三本集まってできたものなのだから、その「厳密な線」が見えない以上、それで構成される「三角形」だって見えないに決まっているのである。

というわけで、僕たちは「厳密で完璧な三角形」や「厳密で完璧な線」というものを実は一度も見たことがない。現実世界に存在するのは、「どこか歪んでガタガタしている不完全なもの」

ばかりである。

だが、それでも僕らは、「定義として完璧な三角形」というものをきちんと理解しているし、理解しているからこそ、「厳密に三角形ですか?」と問われたら、「いいえ、違います」と答えることができる。では、どうして僕たちは、見たこともないのに、理想的で完璧な三角形がどんなものかを知っているのだろう?

この疑問について、プラトンはとても大胆な答えを出した。彼は、その「究極の理想の三角形」が、現実世界とは違う別世界に「ホントウに存在する」と考えたのである。

彼は、その別世界にある「究極の理想の存在」を**イデア**と名づけた。そして、人間は、現実世界の「不完全な三角形っぽい石」を見ているとき、同時に、別世界(イデア界)の「究極の理想の三角形(三角形のイデア)」も見ており、その「三角形のイデア」と「現実の石」を両方見て頭の中で比較しているからこそ、「あの石は、三角形っぽいけど、厳密な三角形じゃないよね」と語れるのだとプラトンは考えたのだ。

さてさて、本題に入ろう。では、そんなプラトンは、国家についてどんなふうに考えていたのか? 実は、プラトンの国家思想には、このイデア論が深く関わっている。

そもそもイデア論とは、「究極の理想の三角形（三角形のイデア）」というものが、どこかに「ホントウに存在する」という考え方であるが、もちろん、それは「三角形」だけに限った話ではない。人間が頭の中で思い浮かべるあらゆる概念――たとえば「正義」や「美」などの概念についても同様で、「究極の理想の正義（正義のイデア）」や「究極の理想の美（美のイデア）」といったものが、どこかに「ホントウに存在する」と考えている。そして、プラトンにとって哲学者とは、そうした「究極の理想の何か（イデア）」を知ることを目標に定め、全人生を賭けて追究し続ける人間のことであった。

そこから彼は国家のあるべき姿について、このように結論した。

「イデアを知ることができる優秀な哲学者が王になるべきである。もしくは、王は哲学を学ぶべきである」

これを**哲人王思想**と呼ぶ。ようするに、「イデア、すなわち『究極の理想』がどんなものなのかが、ちゃんとわかっている優れた人間を頂点において、国家を運営していきましょう」という話だ。

でも、それって現代人の僕たちからすれば民主主義に反した思想だし、独善的な独裁政権ができてしまいそうな印象がある。なぜプラトンは、こんな哲人王思想を持つようになったのだろうか？　それには、彼の師匠であるソクラテスの「死刑」という悲しい事件が大きく関係していた……。

「衆愚政治」という悲劇

ソクラテスといえば、プラトンの師匠で有名な哲学者であるが、実のところソクラテス自身は一冊の本も書いておらず、彼がホントウはどんな哲学者だったのかはよくわかっていない。では今日における「ソクラテスは偉大な哲学者である」という一般的なイメージはどこから来たのかというと、実はみなプラトンの著作から来ている。プラトンは自らの著作の中で、哲学議論大会のような物語を書き、そこに師匠のソクラテスを登場させてバッタバッタと当時の有名哲学者をなぎたおす大活躍をさせたのである。

ようするに、それくらいプラトンは師匠のソクラテスを尊敬していたわけだが……、その敬愛する師匠に死刑の判決が下されるという悲劇が、古代ギリシアの民主主義の政治体制で起こってしまった。そのため、プラトンは民主主義に絶望し、それを超える理想の政治体制——哲人王思想を考えるようになったのである。

でも、正直なところ、いくら大切な人が死刑にされたからって、民主主義に反する政治思想を持つのはどうかと思うのではないだろうか？　現代人の僕たちからすれば、民主主義が一番公平で優れた政治体制のように思えるからだ。

いやいや、実際のところ、民主主義にも大きな落とし穴がある。一見すると、民主主義は、みんなで物事を決めるのだから、公平で妥当な国家運営がなされそうに思えるが、実際のところ、国家という巨大で複雑なシステムを民衆一人一人が熟知しているわけではないのだから、国家の運営は、政治の専門家——すなわち職業政治家に任せることになる。ここで、民衆が政治に興味を持って十分に吟味したうえで投票し、優れた政治家を選べばよいが、そうでない場合、民衆は政治家の思想や公約の内容も知らずに「なんか堂々としていて、リーダーシップがありそうだから」などのイメージだけで選ぶようになってしまう。そうすると、煽動《せんどう》政治家（もっともらしく語るのが上手なだけの無能な政治家）ばかりが支持されてしまい、国家がどんどん間違った方向に進んでしまうのだ。こういう状態を**衆愚政治**と呼ぶ。

この衆愚政治が、二〇〇〇年以上前の古代ギリシアの民主主義にも起こっていた。

そして、そこへやってきたのが、プラトンの師匠ソクラテスである。ソクラテスは、そんなクチばっかりの煽動政治家たちに「ホントウの正義とは何か?」「ホントウの幸福とは何か?」と議論を挑みかけ、彼らを徹底的に打ち負かしてしまう。

もともと、プラトンは名家の出身で、政治家を目指していた前途有望な若者であったが、このソクラテスの議論を聞いて、大きな衝撃を受ける。なぜなら、彼が目指していた政治家たちは、いつも「みんなの幸せのために!」とか「みんなの正義を守るために!」とか言っているのに、ソクラテスから「じゃあ、ホントウの幸福って何?」「ホントウの正義って何?」と問われたら、何も答えられなかったからだ。そして、またプラトンは、自分自身もその問いに答えられないことに気づいてしまう。そこでソクラテスは、みんなに向けてこう言った。

「ほらね。我々は、ホントウのことを何も知らないじゃないか。だから、議論(対話)しようよ! ホントウの善とは何か、ホントウの正義とは何か、一緒に考えようじゃないか!」

ソクラテスは、世の中の煽動政治家たちのように、知ったかぶりを言わなかった。

彼は、ただ素朴《そぼく》に「ホントウの何か」を追究しようと、みんなに呼びかけたのである。そんなソクラテスの行動に、プラトンをはじめとする若者たちはガツンとやられてしまった。そして、みんな彼に弟子入りすることを決意するのである。

こうして、ソクラテスは若者たちのカリスマとなり、一躍偉大な哲学者としてもてはやされることになるのだが……、その言動は既得権益を持っている政治家たちの怒りを買うこととなる。そのため、ソクラテスは「若者たちを堕落させた罪」により逮捕され、裁判で死刑判決を受けてしまうのであった……。

これも民主主義の一つの結果である。すべては民衆が選んだ政治家たちがやったことなのだ。なぜ、あんな中身のない愚《おろ》かな政治家たちが国家の中枢を占《し》めているのだろうか？　なぜ、民衆は、彼らの本性を見抜けなかったのだろうか？　いや、これが民主主義の限界なのだろう。政治家の演説を聞いたところで、彼らの能力や人格を知ることなどできないからだ。だとすると、これからも、ろくでもない人間が政治家として、国家を運営していくことになる……。

結局、ソクラテス先生が言っていた「ホントウの何か」を知らない、知ろうともしない人間が、国家を運営しようとすることがそもそもの間違いなのだ。真の正義、理想の正義、究極の正義、そういった「ホントウの正義」を知っている人間が、国家を運営していくべきなのである。

しかし……。不完全な生き物である人間に、「ホントウ」を知ることなんてできるのだろうか……。それにそもそも、そんな「ホントウの何か」なんて存在しないという可能性だってある……。

いや、人間は、「厳密な理想の線（ホントウの線）」が見えなくても、それが何かを知っているではないか。知っているということは、そういう「ホントウの線」が、「存在している」ということである。

だとしたら、人間は、「国家としてあるべきホントウの姿（究極の理想の国家＝国家のイデア）」だって知ることができるはずだ。ならば、やはり、そういった「ホントウ（イデア）」を知ることができる人間こそが、国家の行く先を決めて運営をしていくべきなのである！

このようにしてプラトンは、哲人王思想に辿《たど》り着くわけであるが、でも、「ホントウを知る優れた人間」なんて、そうそう世の中にいるのだろうか？

プラトンは、その疑問についてはこんな答えを出している。

「哲人王がいないのであれば、つくればいい」

　プラトンは、国家の未来のため、国中から才能のある子供たちを一か所に集めて英才教育をほどこし、哲人王を育成するべきだと考えた。そして、実際に、彼はそのための学校「アカデメイア」を作っている。のちの大学の起源となる教育機関である。そして、そこから最も優秀なものが哲人王として選ばれ、その王は守護者としての名誉だけを報酬に、国家の繁栄に生涯を尽くすのだ。

　ところで、プラトンは哲人王による国家の運営方法として、今で言うところの共産主義体制――すなわち国民が私有財産を持たず、国家（哲人王）がすべての財産を管理して、みんなで平等に共有するという体制を考えていた。もちろん、哲人王も、普通のいわゆる王と違って、私有財産も持たず贅沢《ぜいたく》な暮らしもしない。なぜなら、哲人王は、私利私欲ではなく、理想を追い求める求道者であるからだ。彼は、日々、「ホントウの善とは何か（善のイデア）」「ホントウの幸福とは何か（幸福のイデア）」を哲学により追究し、「国家にとってホントウに正しい選択」を決断して、みんなを導いていくのである。

　国中から集められた優秀な子供たちは、そんな王になることを夢見て、哲学を学び、

「ホントウ」を知る人間になろうと自己を磨《みが》き続ける。そして、彼らは、目を輝かせながら、こう叫ぶのである。

「哲人王にオレはなる！」

Philosopher
14
アリストテレス
万学を開いた学問の大巨人

得意技
論理学

紀元前384年～紀元前322年
出身地：ギリシア　主著：『形而上学』
即位する前のアレクサンドロス大王の家庭教師であった。即位後、宮廷を去り、自らの学園リュケイオンを開き、弟子たちと議論した。

国家は腐敗と革命を繰り返す
アリストテレス

プラトンはイデア論に基づき、哲人王による国家体制、すなわち「選良者（エリート）政治」をつくることを目指した。だが、そんなプラトンの思想に異を唱えたのが、哲学史において「巨人」と呼ばれる大哲学者**アリストテレス**（紀元前三八四年―紀元前三二二年）である。

もともとアリストテレスは、プラトンが創設した学校、アカデメイアの生徒で、つまりプラトンの弟子であった。プラトンの学校で一番優秀だった彼は、言ってみれば最も哲人王に近い人間だったと言えるだろう。だが、彼は、師匠であるプラトンに反発し、イデア論に対してこんな疑問を投げかけた。

「イデアなんてホントウにあるの？　あるってことをどうやって確かめるの？　もし仮にイデアがホントウにあったとしても、それがいったい何の役に立つの？」

たしかにアリストテレスの言うとおり。そもそもプラトンのイデア論では、この現実世界とは異なる「別次元の世界（イデア界）」があり、そこに「三角形のイデア」などが存在すると想定しているわけだが、じゃあ、そのイデアの存在はどうやって証明すればいいのだろう？

はっきり結論を言ってしまえば、そんなことはできない。

結局のところ、イデアとは、現実世界の存在ではないのだから、仮にあったとしても、僕たちは「ああ、これがイデアなのか」と手に取ることもできなければ見ることもできない。だから、所詮《しょせん》イデアなんて「あるかもね」と頭の中で語るだけの証明不可能なヨタ話にすぎないのだ。

また、もしホントウにイデアがあったとしても、それがいったい何の役に立つのだ

「馬固有の特徴」を見て「馬」であると認識した、と考えるのが妥当

ろう?

はっきり結論を言ってしまえば、何の役にも立たない。

たとえば、イデア論に従えば、「現実の馬」を見たとき、僕たちは別世界（イデア界）にある「馬のイデア」も同時に見ており、そこから「あぁ、馬だ」というイメージを受け取っていることになるが、結局のところ、「人間がそういったイデアを仲介した仕組みで、世界を認識している」と想定したところで、何か新しい理解が得られるわけではない。だって、やっぱり「馬を見て、馬だと思った」ということ以外に、何の変わりもないからだ。

とすると、イデア論は「現実の馬」だけで済む話を、わざわざ「馬のイデア」という余計なものを持ち出して、無用に説明を増やしているだけということになってしまう。実際、アリストテレスは、プラトンのイデア論を「無意味に物事を二倍に増やしただけ」と評して批判している。

むしろアリストテレスは、そんなイデアなんか持ち出すよりも、「現実の馬」をじっくりと観察して、「四本足だ」とか「タテガミがある」とか「ヒヅメがある」とか、そういう馬固有の性質をたくさん集めて、「馬とはどういうものか」をきちんと定義した方がよっぽどものの役に立つと考えた。実際のところ、僕たちが、馬を見て「あぁ、馬だね」と思うのは、四本足で、タテガミがあって、ヒヅメがあって、顔が長くて……など、そういう特徴を持った動物を何度も見ているうちに、「馬というイメージ（抽象化した印象）」を思い浮かべるようになったというのが妥当なところだろう。だから、「馬を馬だと思うのは、馬のイデアがあるからだ！」なんていうよりも、「僕らが馬と呼ぶ、あいつらはどんな特徴を持っているのだろう？　よく観察して、その特徴を整理してみよう」とやった方が、よっぽど建設的だとアリストテレスは考えたのである。

アリストテレスは、そういう特徴の観察を、あらゆるもの（天文、気象、動物、植物、地球）を対象に行った。そして、抽出した特徴を、体系的に分類し、整理することで世界を把握しようとする学問（自然科学）を始めたのである。実際、現在にいたる天文学、気象学、動物学、植物学、地学などの学問はすべてアリストテレスから始まっており、アリストテレスが**万学の祖**と呼ばれている所以《ゆえん》はここにある。

ちなみに、イルカは海に住んでいるが赤ちゃんに乳を飲ませていることから、魚ではなく、馬と同じ哺乳類《ほにゅう》であると分類したのもアリストテレスだ。もし、プラトンのように「ホントウのイルカとは何か？　イルカのイデアを知ることで、イルカを理解しよう」なんて態度でやっていたら、こんなこともずっとわからないままであっただろう。

さて、こんなふうにアリストテレスは、イデア論を批判し、イデアの存在と有用性を否定したわけだが、そうなるとプラトンの哲人王思想は根本から崩れることになる。だってもし、「究極の理想（イデア）」が確かな実体として存在せず人間がつくり出した空想上の産物にすぎないとしたら……、「そもそもイデアを知ることができる哲人王など最初から存在しなかった！」という目も当てられない結論になってしまう。

そうだとすると、仮にプラトンの言うとおり民主主義をやめて、哲学者を王に据《す》えて政治をやらせたとしても、イデア、すなわち、向かうべき「真の理想」など存在しないのだから、結局は、単に王が個人の考えで好き勝手に政治を実行しているだけ、という話になる。いやいや、それどころか、ありもしない理想を掲《かか》げて、「自分にだけは見える」と主張する独善的な人間が国家の全実権を握っているわけで、むしろ危険な状態であるとさえいえるだろう。だって、その王の政治がうまくいっていなくても、誰も彼の政治に反論することはできないからだ。

「私にしか見えないイデアからすると、こうするべきなのだ。究極の理想（イデア）を見る能力のない凡人どもは黙っていろ！」

それは、一歩間違えれば、独裁者の暴走という最悪の事態を招く。結局、イデア論を否定する現実主義者のアリストテレスの立場からすれば、プラトンの哲人王思想などただの理想論にしかすぎないものであったのだ。

三つの政治体制

では、アリストテレスは、どんな国家（政治体制）がよいと考えていたのだろうか？

アリストテレスが偉大だったのは、この問いかけについて、「この政治体制こそが最高である！」と自分の信念を主張するのではなく、「そもそも、どういう政治体制がありえるのか、そして、それぞれどんな特徴を持っているのか、まずは分析してみよう」と、学問的なやり方で取り組んだことである。そして、彼は、国家の政治体制は次の三種類に分類できるだろうと考えた。

（1）君主制（一人の王様が支配）
（2）貴族制（少数の特権階級が支配）
（3）民主制（みんなで支配）

見てのとおり、直感的でわかりやすい明快な分類方法だ。それぞれの政治体制は、支配者の数が異なっているだけである。ここで興味深いことは、アリストテレスはこれらの政治体制のよいところだけではなく、「腐敗するとどうなるか」という最悪のケースについても、きちんと論じていることだ。

アリストテレスは、こんなふうに述べている。

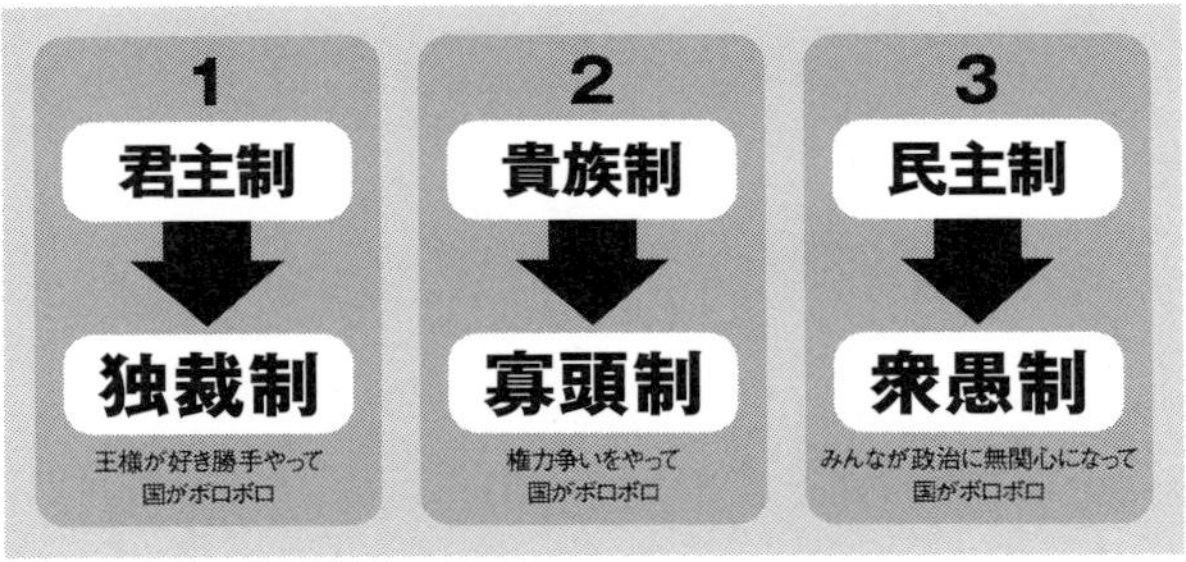

どの政治体制もやがては腐敗する

「君主制は独裁制になりやすく、貴族制は寡頭《かとう》制になりやすく、民主制は衆愚制になりやすい」

それはつまりこういうことだ。

君主制は、支配者が一人であるため素早く政治的決断ができ、トップの王様が優秀であれば国家は素晴らしく発展していくというメリットがあるが、支配者である王様が権力におぼれて独裁者となった場合には、彼の独裁を止める構造がないため、国家はどうしようもなくボロボロになっていく。

貴族制は、支配者が複数であるため権力が分散され、独裁者が生まれるリスクが少ないというメリットがあるが、支配者である貴族たちが堕落した場合には、派閥争いや権力闘争に夢中になって肝心の政治をおろそかにしてしまうため、国家はどうしようもなくボロボロになっていく。

民主制は、みんなで国家を支配するため、うまくすれば一番公平な政治決断がなされるというメリットがあるが、支配者であるみんなが堕落した場合には、みんなが政治に無関心になって大衆感情やノリだけで政治決断（投票）をしてしまい、無責任な煽動政治家の言いなりになってしまうため、国家はどうしようもなくボロボロになっていく。

と、このようにアリストテレスは、政治体制には最良というものはなく、どれも堕落する可能性を秘めているのだとクールに考えたのである。

また、彼は、政治体制が堕落し国家がボロボロになったあとに何が起こるかについてもさらに思考を進めている。政治が腐敗し、国家が荒廃すると何が起こるのか……。それは「革命」という名の政治体制の交代劇である。

たとえば、ある君主制の国家があり、優れた王のもとで民衆は楽しく暮らしていたとする。だが、その王の子供も優れた王になるとは限らない。確率的に考えても代を重ねていけば、いつかは国家を治める能力のない人間が王になるだろう。そして、その暗愚な王による独裁が始まり、国家が荒廃することになる。すると、怒った民衆が「暴君を倒せ！」と革命を起こし、独裁制を転覆させるのだ。こうして、独裁制は打ち倒され、民主制にその座を譲ることになる。

だが、民主制になっても起こることは同じである。最初は、みんな真剣に国家について考えていたものの、そのうちやっぱり腐敗していく。「みんなで決める」のだからと誰も責任を取らなくなり、面倒くさいことはぜんぶ職業政治家に押しつけて、文句だけを言って自分自身では何も考えようとしない無責任な衆愚制になり果ててしまう。そして、どんなに国家が荒廃して「このまま進んだら危ない！」とわかっていても、「誰も舵《かじ》をきらない」「きろうとしても間に合わない」というバカげた状態が起き、国家はどうにも立ちゆかなくなっていく。そんなときに、颯爽《さっそう》と現れるのが「英雄」である。英雄は、その圧倒的なカリスマと行動力で、革命を起こして衆愚制を転覆させ、国家の実権を握ることに成功する。そして、英雄とその一族を頂点とする君主制が始まって……。以下繰り返し。

こんなふうに、アリストテレスは、どんな政治体制であろうと最良に保つ努力をせず腐敗させれば、必ず「革命」が起こり、別の政治体制に移行するだろう、と考えたのである。そして、このアリストテレスの分析が正しかったことは歴史が証明しているとおりだ。

そう。彼は、紀元前の遥《はる》か昔でありながら、「国家（政治体制）がどのように腐敗し、どのように移り変わっていくか」という、その後二五〇〇年近くもの歴史の展開をすでに予測済みだったのである。

そして、それから二五〇〇年後の現在——もしかしたら、僕たちは、今でもまだこの巨人の手のひらの上で、歴史を繰り返しているだけなのかもしれない。

Philosopher

15

恐怖の時代を生きた哲人

ホッブズ

得意技

社会契約説

1588年～1679年

出身地：イギリス　主著：『リヴァイアサン』

ギリシア語・ラテン語のほか、数多くの言語に通じ、デカルトやガリレオなど、同時代の偉大な哲学者・科学者と広く交流した。

国家とは恐怖を利用した安全保障システムである

ホッブズ

理想家として最高の国家を目指したプラトン。現実家として国家のありようを分析したアリストテレス。プラトンが天を指差し、アリストテレスが地に手のひらをかざしたというラファエロの絵画が象徴するように、紀元前の偉大なる二人の哲学者は、それぞれ異なる方向に向かって究極の国家論を展開した。

でもだ。ここで一つ素朴な疑問を提示してみよう。

「なぜ国家には『支配者』が必要なのだろうか?」

実際、プラトンは理想の支配者として哲人王を想定しているし、アリストテレスは支配者の数によって国家を分類している。つまり、プラトンにしろ、アリストテレスにしろ、どちらも国家について「支配者がいること」を前提として考えているのだ。この前提はいったいどこからきたのだろう?

もちろん、国家に支配者がいるのは当たり前といえば当たり前のことである。だが、その当たり前のことを疑い、その理由を問いかけていくのが哲学なのだ。

なぜ国家は「支配者がいる」という形式において成立しているのだろう?

一七世紀、イギリスの哲学者**ホッブズ**(一五八八年―一六七九年)は、この疑問について、国家誕生の仕組みを含めて、こう説明している。

「人間は、自分勝手で極悪で利己的な生き物である。ゆえに、彼らを放置しておくと、欲望のままに利益を求めて殺し合いを始めるだろう。だから、人間たちは、その殺し合いに終止符をうち、互いに共存するために『架空の支配者』をつくり出し、国家という仕組みをつくり上げたのである」

つまり、みんなが互いに争わないように、みんなで支配者（国家）をつくったという話だ。

でも、そんなこと言われても、世界大戦という国家間戦争の悲劇を知ってる現代人の僕たちからすれば、「えー、むしろ逆なんじゃないの？　国家なんてものがあるから、殺し合いが起こるんじゃないの？」と思うかもしれない。その点は、あとで語るとしていったん置いておこう。

ともかく、ホッブズは、「**国家とは、自己中心的な人間たちが互いに殺し合わないように、自己保存のためにつくった組織なのだ**」と定義した。

実は、この定義、一七世紀という彼の時代からすると、とても衝撃的なものであった。なぜかというと、長いこと西洋世界において国家というものは、「神様（もしくはその代理人である教皇）が、特定の人間に王の地位を承認して『統治の権限を与える』ことで国家が成立する」と考えられてきたからだ。

つまり、その時代において、王や国家とは「神」に由来する神聖な存在だったのだ。だからこそ、みんなは王に従わなければいけないわけで、だからこそ、みんなは自分の命を犠牲にしてでも王に忠誠を誓って尽くさなければならないわけで――という共通の幻想（常識）があったのである。

だが、現実の王たちといえば、暗愚《あんぐ》だったり、暴君だったり、民衆が飢え死にしているのに贅沢して国を借金だらけにしたりと……、ろくでもないのも多かった。そんな王政国家を二〇〇〇年もやり続けていたら、さすがにいくら従順で我慢強い民衆であっても、いい加減うんざりするだろう。

「俺たちはなんで国家に……あんなバカ（王、皇帝、将軍様）に従わないといけないんだ」

そんな不満に対して、今までは「いやいや、彼が王なのは天命であり、神が決めたことなのだ」という論法で押し通してきたわけだが、一六世紀頃、キリスト教は「カトリック」と「プロテスタント」という二つの宗派に分離し、その宗派同士で、八十年戦争、三十年戦争という、それはもうとんでもなく壮絶で血みどろの、しょうもない利権争いの宗教戦争を延々とやり続けるという醜態を晒《さら》してしまった。こうなってくると、もはや彼らの言う「神が、王を決めた。だから従え」という論法などなんの説得力もなくなっていく。そうすると、「じゃあ、僕たちはなぜ国家に従っているの？

国家って何なの？」という当然の疑問がわいてくるだろう。

そんなとき、その疑問に回答を与えたのがホッブズだったのである。ホッブズは、「いやいや、国家とは、神に由来するものではなく、人間が、互いに共存するためにつくった人工物なのだ」と国家を再定義した。これを**ホッブズの社会契約説**と呼ぶ。彼は、どのようにしてこの社会契約説という考えに辿り着いたのだろうか？

まずホッブズは、国家の定義について一から考え直すため、文明以前の原初の状態（自然状態）――つまり、はるか昔の、国家がまだない時代――のことを考えてみることにした。そして、そういう国家がない状態――つまり、誰も権力を持たず、法律もない状態――で、人間たちを放置すると、何が起こるかを想像してみたのだ。すると、どうなったか？　ホッブズは「**人間たちが自分の生存と利益のために、互いに殺し合う**」という結論に達してしまう。

これはちょっと、あまりにも悲観的すぎる結論に思えるかもしれない。だが、それがホッブズの人間観であった。彼にとって、人間とは、生まれつき善良でもなんでもなく、利己的で自分の利益のためなら平気で人を傷つける残酷な生き物なのである。

そう考えるのも無理はない。ホッブズが生きた一七世紀とは、**宗教戦争**（実際には利権争い）で毎日のように人間同士が殺し合う悲惨な時代であったからだ。彼がそういう悲観的な人間観を持ったのも当然のことであろう。実際、彼は、著書『市民論』の中で、こう書いている。

「人間は他者にとって、オオカミにすぎない」

では、そんなオオカミたち——同種殺しの殺戮《さつりく》者である人類を、共食いの滅亡から救うにはどうすればいいのだろう? どうすれば戦争を止めることができるだろうか? ホッブズは、それを考えた。

いや、考えざるをえなかったに違いない。なぜなら、彼にはこんなエピソードがあるからだ。

それは、彼が生まれる前、まだ母親のお腹の中にいたときのこと。彼の住むイギリスに向かって、スペイン軍が、突然、侵攻を開始。その知らせを聞いた彼の母親は、恐怖のあまりに急に産気づいてしまう。そのため、ホッブズは早産となり、危険な未熟児の状態でこの世に生まれることになってしまったのである。

戦争の恐怖によって無理やり世界に放り出され、生まれてすぐに生命の危機と戦わなければならなかったホッブズ。このことから、彼は、のちに「恐怖の落とし子」というあだ名で呼ばれることになるが、彼自身「僕は戦争の恐怖が産み落とした子供なのさ」と口癖のように語っていたという。

そんなホッブズであったからこそ、戦争を止め、戦争の恐怖を克服する哲学を考えることは、彼の生まれながらの宿命であったといえるだろう。だから彼は、生涯をかけて、戦争、すなわち、人間同士の殺し合いを止める方法を考え抜いたのだ。

そして、彼はある一つの方法に辿り着く。それは、「仮想上の支配者として国家（王）という絶対的な権力者をつくり出し、その国家（王）にみんなで服従する」という方法であった。こうすれば、個人同士がむやみに殺し合うような無法状態を避けることができると彼は考えたのである。

そもそも、人間がなぜ殺し合うかといえば、それは相手が対等の力を持っているからである。どんなに強そうな相手であろうと、こっそり後ろから忍び寄って、斧《おの》で頭を叩き割れば死ぬし、寝ているときに喉《のど》をかき切れば勝てるのだ。だから、人間たちは自分が殺されないように、先手をうって相手を殺そうと奔走する。

だが、相手が巨大な怪物であれば話は別である。たとえば、天空を覆《おお》うほどの巨大な「異形の怪物」が突然現れて、雲の隙間から恐ろしい目でこちらを睨《にら》みつけていたら……。人間はただただひれ伏すしかない。

同じ理屈で、もし殺戮者たちの争いをやめさせたかったら、どうあがいても勝てない巨大な怪物を持ってくればいい。その怪物が、彼らの自由——自分の欲望のために他者を殺す自由——を奪ってくれるのだ。

人間たちは、国家という名の怪物の強制により、「他者を殺す自由」を放棄する。そして、その怪物は、彼らの自由放棄の見返りとして、彼らに身の安全を図ってくれるのである。

リヴァイアサン

「他者を殺す自由を放棄した見返りとして安全を得る——すなわち、国家とは、個人の自由を放棄して手に入れる安全保障システムなのだ！」

ホッブズは、このことを『リヴァイアサン』という本に書いた。**リヴァイアサン**とは、聖書に出てくる恐るべき獣《けもの》の名であり、絶対的な恐怖の象徴である。ホッブズは、そのリヴァイアサンの姿こそが、国家の本質だと考えた。

すなわち、人間の果てしない破滅的な欲望を制限するため、人間は自らリヴァイアサン（国家、王）という仮想的な怪物をつくり出し、その怪物を恐れ服従することで、どうにか殺し合わずに生き延びてきたのである。この安全保障システムこそが国家の正体なのだ、とホッブズは主張したのだ。

これは、現代でも通用する、とても合理的で本質的な国家論であり、「なぜ国家があるのか？」「なぜ国家は絶対的な存在なのか？」という問題について、それまで神の名で行われてきたことにきちんと説明を与えたのである。

では、なぜいまだに人間同士の殺し合い――国家間の争いがあるのだろうか？　ホッブズの社会契約説に従うならば、その答えは、はっきりしている。「真のリヴァイアサン」がいないからである。

『旧約聖書』に登場するリヴァイアサン

国家間戦争というのは、ようするに、リヴァイアサン同士の戦争である。それぞれのリヴァイアサンが、自分（自国）の利益を優先するという原理で行動し、時には他者（他国）の利益を侵害しようとする。ゆえに、リヴァイアサンたちは、いつ寝首をかかれて自分が侵害されるかわからないと恐れ、互いに身構えて過剰に武装し、敵対していく。それは、つまるところ、ホッブズが分析した「自然状態（絶対的支配者がいない状態）における人間たちの行動」そのものである。

だとするならば、リヴァイアサンたちが恐れおののく、さらなるリヴァイアサンが現れれば争いは止まるはずである。それは決して今の国連のような強制力のない存在ではない。すべての国家が恐怖する強制力を持つ絶対的な存在――真のリヴァイアサン。そういった存在が現れ、すべての国家が「他国を攻撃する自由」を放棄するとき、ホッブズが追い求めた真の平和がついに訪れるのである。

――その心臓は石のように堅く、臼《うす》の下石のように堅い
――それは鉄を見ること藁《わら》のように、青銅を見ること朽木《くちき》のようである
――地の上には、それと並ぶものはなく、恐れを知らぬ者として造られた
――それは、すべての高き者を見下ろし、すべての誇り高ぶる者の王である
――終末の獣、その名は「リヴァイアサン」

Philosopher 16

ルソー

文明社会を批判した倒錯者

得意技 人民主権

1712年～1778年

出身地：スイス　主著：『社会契約論』

日本でもおなじみの童謡「むすんでひらいて」は、ルソーのオペラ作品『村の占師』がもとになり、ヨーロッパ各国へ広がったもの。

国家の主権者は人民である

ルソー

「なぜ国家（王）が存在するのか？」
「なぜ国家（王）に服従しなくてはならないのか？」

これらの疑問について、ホッブズは社会契約説という合理的な回答を与えた。

たしかに言われてみれば、国家がなければ治安を守る警察もいないわけで、各個人が欲望のままに他者を傷つける、そんな暴力が支配する殺伐とした世界になりそうな気がする。じゃあ、やっぱり僕たちは、そういった無法な暴力世界を避けて平和に暮らすためには、ホッブズの言うとおり「王様万歳！」と叫び、喜んで王に服従しなくてはならないのだ。

だから、もし王に服従しないものがいたとしたら……、そいつはみんなの平和を乱す大罪者である！　そんな不心得ものは、すぐさま捕まえてギロチンだ！　首を切り落として処刑する必要がある。だって、王とは、「みんなの平和のため」に存在する絶対的支配者だからだ。ゆえに民衆は王に逆らうことは決して許されない。

と、こんなふうにして人類は、王に敵対するものを排除し、何千年もの間、王政国家という仕組みを続けてきたわけだが……、ではその王政国家でみんなが幸せになれたのだろうか？

残念ながら現実の歴史を見る限り、そうでもなかった。

たとえば、一八世紀、王政のフランスでは、人口の二パーセントにすぎない王族などの特権階級が贅沢三昧をしている一方で、それ以外の民衆たちはみな貧困にあえいでいるという、まったく不公平な事態が起きていた。九八パーセントの民衆の税金で成り立つ国家で、二パーセントの特権階級が税金も払わず、手厚い年金をもらいながら悠々自適の生活を送っていたのである。

これはまったくおかしなことではないか。ホッブズによれば、人間は互いの平和のために国家をつくったはずである。だがこれでは、王とその親族たちが贅沢をするために国家をつくったようなものだ。もはやそんな国家は、特権を持った少数が大多数の人間から税金を効率よく搾り取るための、ただの搾取システムにすぎない。

でも、だからといって、今さら民衆が国家を放棄して、自然状態（国家のない状態）に戻ることもできない。なぜなら、ホッブズによれば、人間は自然状態に戻ると、互いに殺し合って自滅してしまうからだ。であるならば、王やその周囲の特権階級が、税金で贅沢をするのは「仕方ないよ」と諦《あきら》めて、目をつぶるべきことなのかもしれない……。

人民主権

だが、そんなとき、フランスの哲学者**ルソー**（一七一二年―一七七八年）が、ホッブズの社会契約説に反論するこんな思想を発表した。

「いやいや、人間が自然状態に戻れば、互いに殺し合うだなんて、とんでもない。そ

んなことはけっして起こらないよ。その証拠に、不便な田舎を見てごらん。みんな互いを憐《あわ》れみ、助け合って生きてるじゃないか。むしろ、文明化された便利な都会の方が、人間同士で騙《だま》し合い、憎み合っているぐらいだ。つまり、文明以前の国家がない状態になれば人間たちが互いに殺し合うだろうというホッブズの前提は、そもそも間違っているんだ！」

ルソーの人間観は、ホッブズとはまったく正反対であった。彼によれば、本来、人間は国家などなくても、互いに助け合って暮らしていける平和的な生き物なのである。だが、そこに知恵を持った少数が現れて他者から搾取して楽をすることを覚えてしまった。そのため、国家とか身分とかの仕組みができてしまったというのである。このルソーの人間観に従うならば、国家は人間にとって決して必須な存在ではなくなる。そして、もし国家が必須ではないとしたら……、ホッブズの社会契約説——「民衆は国家（王）に服せよ」という主張——とは、まったく異なる以下の結論が導き出されることになる。

「大多数の幸福をもたらさない国家なんか解体して、もっとよい国家につくり変えてしまえばいい」

すなわち、「王に反逆し、革命せよ」という結論だ。

もし、ルソーの主張どおり「人間にとって国家は必須でも絶対的な存在でもない」のだとしたら、民衆には「自分を不幸にする国家なんていらない」と放棄できる当然の権利があるということになる。だって、わざわざ自分たちの首を絞めてくる国家に従う理由なんかないからだ。

そして、逆に、王や貴族たちには、集めた税金を適切に運用して、民衆に幸福を提供する義務があるということになる。だって、彼らには、生まれついての地位や特権などは存在しないからだ。そもそも税金とは「みんなのために使うもの」であり、それを王や貴族たちはただ預かっているだけなのである。決して、彼らが好き勝手に使える所有物ではないのだ。

結局のところ、これらの話からもわかるとおり、「民衆は国家（王）がなくても生きていけるが、国家（王）は民衆がいなくては生きていけない」のだから、民衆と国家（王）、どちらが主であり、どちらが真の権力者であるかは火を見るより明らかである。

こういった考えをもとに、ルソーは「真の権力者は王ではなく、民衆である」という**人民主権**を世の中に向かって叫んだ。そして、国家（政府）を「真の権力者である民衆から、権力を委任された、取り替え可能な一つの機関にすぎない」と再定義し、その機関が無能な役立たずで、本来の権力者である民衆のために働かないのであれば、権力の委任を打ち切って、お払い箱にしてしまえばいいと考えたのである。

ルソーがこれらの主張をしたときには、まだ王や貴族たち特権階級が国家を支配し、強権をふるっていた時代であったから、かなり勇気のいることであっただろう。実際、ルソーは、こういった過激な発言が原因で、逮捕状が出され、スイスに亡命している。

とはいえ……、国家権力に対してこれほどの反骨精神を持って挑んだルソーは、よっぽど立派な人間かと思いきや、そうでもなく、かなりのダメ人間だったらしい。

ルソーの大逆転人生

もともと彼は、うだつのあがらない芸術家志望であったのだが、愛人との間に五人も子供をつくっては次々と捨てたり……、婦女子の前にお尻を出して現れたり……、と品行方正とはほど遠い、露出狂のろくでなしであった（なお、尻出し事件で捕まった件について、彼は「こうすれば彼女たちにお尻を叩いてもらえるかもしれないと思って……」とダメな釈明をしている)。

とまぁ、こんなどうしようもないルソーであったが、彼には、たった一つ凄《すさ》まじい才能があった。それは「情緒的で感傷的な、みんなを泣かせる大衆受けする文章が書ける」という才能であった。もっとも、彼の方は、その才能を自覚していなかったようで、中年になるまで彫刻をやったり音楽をやったりと、自らの才を活かさないまま、なんの脚光も浴びず鬱々《うつうつ》とした不遇の日々を送り続けていた。

だが、四〇歳近くなったある日、彼のもとに、それまでの人生を一八〇度変えてしまうような、ものすごい転機が訪れる。

それは、ほんのちょっとした気まぐれだった。彼は、街で見かけた論文の公募に、自分の作品を応募してみたのである。その公募のテーマは、「文明や科学の発達が、人間の生活にどう影響を与えたか」というものであった。ちょうどその頃、科学の成果がみんなの生活の豊かさに大きく貢献し始めた時代であったことから、おそらく、多くの応募者は「人間の知恵は素晴らしい！　科学は素晴らしい！」と賛美する内容を書いたと思われるが、それに対してルソーは、「人間は知恵なんかあるから、他者を騙したり、争ったりするんだ！　うわあああ！」とまったく逆のことを情緒的に訴えかけるような内容を書いた。そうしたら、なんとその作品が見事に受賞！　彼は、一躍、時の人となったのである。

それは、今日でいえば、無職で、倒錯した性癖のある四〇代のニートが、突然、文学の大賞をとったようなものであった。この受賞をきっかけに、ルソーの人生は「確変状態」に突入する。彼は、次々とヒット作を飛ばし、民衆から絶大な支持を受ける作品を出し続けたのである。

たとえば、ルソーは、五人も子供をつくっては全員を捨てているくせに、『エミール』という教育論の本を書いているわけだが、その本の内容は本当に素晴らしく、現在でも教育界においては必読書とされ、ルソーは教育学の祖とまで呼ばれている。現実のルソーは、明らかに教育者失格であるにもかかわらずだ。

だが、ルソーがそこまで評価されるのには、やはりそれなりの理由があった。たとえば、普通、教育論の本といえば、「子供の教育はこうするべきだ」的なお題目や理論がずらっと並んでいるだけで、読むと眠たくなりそうな内容ばかりという印象があるだろう。だが、ルソーの手にかかれば、まったく違った書き方となる。ルソーが書いた教育論『エミール』とは、「ある教師が、エミールという名の少年と出会い、その子が成長して結婚するまでの間、教育していく」という物語形式の本であった。

また、彼は、その本の中でこう述べている。

「不確実な未来のために、現在を犠牲にするあの残酷な教育をどう考えたらいいのか！」

子供の未来のため、おまえの将来のためだからと、子供から「今現在の子供としての幸せ」を奪いとって、物事を教え込ませ早く大人にしようとする教育の矛盾。彼はそういう根源的な教育の問題点をきちんと書き出し、エミールのことを気遣いながら、どうすれば彼が幸せな子供時代を過ごせるのかまで考えて書いていた。

「わたしはエミールが怪我をしないように注意することはしないのだ」

ただ教育論を語るだけではなく、そこに「情緒的演出」を加えて「読ませる」ことを意識して書かれた彼の本が、人々の心を震わせないはずがなかったのである。

ちなみに、当時の王妃、**マリー・アントワネット**が「パンがなければ、お菓子を食べればいいじゃない」とトンチンカンなことを言ったという有名なエピソードがあるが、どうやらこの元ネタはルソーのようである（諸説はあるが、実際に彼の著作でこのフレーズが出てくるため）。

ともかく、人間としてはかなりダメなルソーであったが、彼が書いた本の面白さは群を抜いており、これらの本を通して彼の考え方（思想）は民衆の間に広く知られることとなった。

だが、それで困ってしまったのは、当時の権力者——王ルイ一六世とその王妃マリー・アントワネットである。

それまでは、王妃のマリー・アントワネットがどんなに宮廷で浪費しようと、仮面舞踏会を開いて楽しもうと、王族だからのひと言で済んできたわけだが、ルソーの人民主権の思想が民衆の間に広まるとそうはいかなくなる。

「国が傾き、みんなが貧困で苦しんでるのに、あのバカ王妃は何やってるんだ！」

結局、民衆は怒りのあまり、王であるルイ一六世と王妃マリー・アントワネットをとっ捕まえて、裁判にかけ肥料運搬車で市中を引き回したあげく、ギロチンで公開処刑にしたのである。

これが世にいう**フランス革命**であり、「民衆が革命を起こして、王を公開処刑した」という世界史において象徴的な出来事であった。

ちなみに、その革命で民衆が幸せになったかというと、全然そうでもなく、一応、「地位や財産によらず、すべての男子の選挙権を認める」という民主的な改革はあったものの、実権を握った議会の人間たちは、派閥争いに終始して互いの足を引っ張り合い、国家をうまく制御することができなかった。その結果、フランスは、内乱が起きたり他国から攻め込まれたりとボロボロになっていく。

そこへ颯爽とやってきたのが英雄、戦争の天才**ナポレオン**。彼は、再び革命を起こし、華麗に政権を奪取。そして、連戦連勝で敵対勢力を打ち倒し、国家をひとつにまとめあげたのである。すると、民衆は、「ナポレオン最高！　万歳！」と喝采《かっさい》し、結局、ナポレオンは皇帝の座についてしまう。かくして、歴史は繰り返され、人類が真の人民主権に目覚めるのは、もう少し、先のことであった……。

が、それはともかくとして、「国家とは、公共の利益を第一に考えて運営される、民衆のための機関である」という現代に通じる国家観を民衆に浸透させたルソーの功績は計り知れないほど大きいだろう。

そして、一つ教訓として言えるのは、「無職で、倒錯した性癖のある四〇代」であっても、まだまだ人生はわからない、歴史に名を残す哲学者、思想家にだってなれるということである。

Philosopher 17

アダム・スミス

元祖・市場原理主義者

得意技 見えざる手

1723年〜1790年

出身地：イギリス　主著：『国富論』

国家の役割を国防・警察・教育など必要最小限にとどめ、経済活動への国家の介入を否定する立場（現在のリバタリアニズム）の元祖。

個人は自分勝手に利益を追求せよ

アダム・スミス

ルソーが流布《るふ》した「人民主権」の思想は、それまで不当に抑圧されてきた民衆の心に火をつけた。その結果、フランス革命が起こって民衆の手で王政が打ち倒されることとなり、その後、幾度かのゴタゴタはあったものの、最終的には今日における民主主義国家の時代へとつながっていくのである。

さてさて、国家の政治体制が民主主義へと移り変わり、王や貴族たちといった特権階級が宮廷でバカみたいな贅沢をして浪費しなくなったのは本当によかった。さぁ、今度こそ国家は、みんなの暮らしをよくするために運営されていかなくてはならない。そこで国家が新しく考えるべき問題が**経済**である。人民主権の国家──すなわち、「みんなのための国家」にとって、目指すべき理想的な状態とは何かといえば、当然「みんなが豊かに快適に暮らしている状態」であろう。それはつまるところ、「みんなが経済的に成功して、楽しく生きるための十分なお金を持っており、何の不自由なく暮らしている」という状態のことだ。では、どうやってそういう状態をつくり出せばいいのだろうか?

この問いに答えるために、**経済学**という新しい学問が発生する。そして、その経済学の父と呼ばれ、現代につながる経済社会の流れを生み出した人物が、イギリスの哲学者**アダム・スミス**(一七二三年──一七九〇年)である。

そのアダム・スミスの主張で、ちょっと気が利いていたのは、「人間の自己中心的な欲望、すなわち『お金儲《もう》けしたい!』という利己心こそが、経済の原動力である」と、経済をぶっちゃけて捉《とら》えたことであろう。

そもそも、西洋はキリスト教圏であり、基本的には利己心は悪いものだと考えられてきた。だから、神から地位を与えられた特権階級はともかくとして、商人などの個人が、自分の欲望を満たすためにお金儲けをすることは、基本的には卑《いや》しいことであったのだ。

そのことは、聖書にもはっきりと書かれている。

「金持ちが天国に行くのは、ラクダが針の穴を通るよりも難しい」

ラクダが針の穴を通るよりも……と持って回った言い方をしているが、ようするに、「絶対に無理！　ありえないから！」と言っているのである。

日本においても、「士農工商」という順番で、職業身分があったことを思い出してもらえばわかるだろうか。もともと「士農工商」は、孔子《こうし》の儒教《じゅきょう》の思想であるが、つまり東洋においても、「商（自分のためにお金儲けしてる人）」は、「農（みんなのご飯をがんばって作ってる人）」よりも身分の低い人間だとされてきたのである。なぜこういった「商蔑視《べっし》」の思想が、東西を問わずに存在しているのか？　それは、「商の活動（利益の追求）」を抑制しないと以下のような問題が起こると考えられてきたからだ。

・個人である「商」があまりに富を蓄積しすぎると、権力者を脅かす存在になりかねない（経済的支配者の誕生）。
・みんながお金持ちになりたいからと「商」ばかりを目指して、「農」をやめてしま

うと穀物の生産量が低下して、最後にはみんなが飢えて国家が破綻《はたん》してしまう（農業の崩壊）。

というわけで、これらの問題から考えても、利己的なお金儲けに走る「商」を低い地位として扱い、蔑視の思想を流布させるのは、とても合理的なことであった。

神の「見えざる手」

「自分のためにお金儲け（利益追求）をするのは、卑しい行為であり、堕落であり、よいことではない」

つまり、これがかつての世界の常識であったのだ。だが、アダム・スミスは、その常識に反してこう言った。

「いやいや、もっともっとお金儲けに走りたまえ！　それこそがみんなの幸せにつながるのだ！」

ここでちょっとアダム・スミスの主張を理解するため、パン屋を例に考えてみよう。

当然、パン屋は、無償でパンを配っているわけではないし、ちゃんと儲かるように値段を設定しているのだから、そのパン屋の活動は、いわば個人的な欲望を満たすための利己的な経済活動といえる。

では、そのパン屋の活動は、蔑視されるべきものだろうか？

いやいや、そんなことはないだろう。だって、そのパン屋は、「パンを定期的に供給してみんなを満足させる」という「豊かさ」を提供しているではないか。こう考えてみると、「利己的な経済活動」は決して悪いものではなく、むしろ「他者の幸せ」と直結している素晴らしい活動だといえるのだ。

でも、そのパン屋が個人的な欲望を膨《ふく》らませて、もっと儲けようとパンの値段をどんどん上げていったらどうだろう？　みんな泣きながら、高いパンを買うことになり、世界はこのパン屋の店長に支配されてしまうことになるのだろうか？

いや、やはり、そんなことはないだろう。「そんな高いパンなんか誰も買わないよ！」という単純な理由もあるが、一番の理由は、そもそもパン屋がそんなに儲かるのであれば、誰かが真似をして「別のパン屋」を始めるからである。

複数のパン屋が存在すれば、当然、そこで競争が始まる。高い値段なんてつけたら、相手の店にお客を取られてしまうのだから、互いにちょうどいい値段をつけるようになるし、相手よりもおいしいパンを作ろうと努力する必要も出てくる。こうして競争がよい方向に働き、「おいしいパンが適正な値段で供給される」という、みんなにとってうれしい仕組みが生まれることになるのだ。

アダム・スミスは、このことをこう表現した。

「個人が自分勝手に利益を追求しても、必ず『見えざる手』に導かれて、社会全体の利益につながるような結果が生じるのである」

つまり、市場には「競争」という原理があるのだから、個人個人が自分の利益を追求してお金儲けに走っても、(「見えざる手」に導かれて)当人たちがまったく意図せず、おさまるところにおさまり、公共の利益を生み出すのである。

「だから、案ずるな! 欲望のまま、自分の利益の追求を目指せ!」

こういったアダム・スミスの主張は、「利己心は悪い、お金儲けは卑しい」という世界の常識を打破し、みんなの心をガツンと揺さぶったのである。

一八世紀初頭、ちょうど産業革命が始まった時期と重なったこともあり、アダム・

スミスの思想は広く受け入れられ、みんな積極的に自分の利益を求めて商売や事業を始めることとなった。こうして、現在の資本主義経済の形ができ上がっていったのである。

Philosopher 18

マルクス

世界を狂わせた大妖怪

得意技 **共産主義**

1818年～1883年
出身地：ドイツ　主著：『資本論』
「哲学者は、世界をただいろいろに解釈しただけである。しかし、大事なことは、それを変革することである」という言葉も有名。

資本主義は必ず崩壊する経済システムである

マルクス

でも、本当に大丈夫なんだろうか？　アダム・スミスは「自分の欲望を満たすため、ガンガンお金儲けしてください」と主張したわけだが、個人が欲望のままにお金儲けに走ったら、世の中がメチャクチャなことになってしまわないのだろうか？　だいたい、アダム・スミスは、「見えざる手」の働きで「最終的にはみんなが幸福になるよ」と楽観的なことを言っているが、そんな保証はどこにもない。

だが、保証はないと言いつつ、どうもそれは大丈夫のようである。論より証拠。なぜなら、アダム・スミスが提唱したような利己的な経済社会――いわゆる「資本主義」を実際に採用した国家が、ことごとく大成功をおさめたからである。

まぁ、それはそうだろう。特権階級がすべての富を独占していた今までの身分制の国家と違って、資本主義国家ならば、がんばって働けば富を得ることができるのだ。ボロ屋に住んで、粗末な食べ物で飢えをしのいできた身分の低い貧乏人でも、働きしだいで、あったかい服、うまい食事、広い家、さらには、車まで手に入れることができちゃうのだ。これでがんばらないわけがない。みんな「稼ぐぞ！」と目の色を変えて働きまくる。その結果、国家の生産力は格段に向上し、ものがあふれる豊かな社会へと発展していったとしても、何の不思議もないだろう。

だがその一方で、この資本主義の成功を冷ややかな眼差《まなざ》しで眺めていた男がいた。ドイツの哲学者**マルクス**（一八一八年―一八八三年）である。彼は、「資本主義万歳！」と叫ぶ世間のお祭り騒ぎを尻目に、一人静かに「資本主義とは何か？」を問いかけ続け、そして、こう結論づけた。


「資本主義とは、みんなを不幸にするシステムである。必ずや破綻するであろう」

彼は、「資本主義は素晴らしい」という当時の常識とは、まったく正反対のことを述べたのである。

しかし、マルクスの資本主義批判は、とても合理的で説得力のあるものであった。その批判の要点とは、ようするに、「資本家が労働者を搾取《さくしゅ》する不公平なシステムとしての資本主義」というものである。

そもそも、資本主義とは何だろう？　それは、ごく簡単に言うと「お金持ち（資本家）が資金を出して会社や工場をつくり、そこで庶民（労働者）を働かせ、お給料を支払う」という仕組みのことである。

さて、ここで問題は「庶民（労働者）が、働いて生み出された富（利益）は誰のものか？」ということだ。「働いたのは労働者なのだから、労働者のもの！」と言いたいところであるが、実際に労働者がもらえるのは、彼が働いて生み出した富（利益）のほんの一部にすぎない。つまり、労働者がどんなに

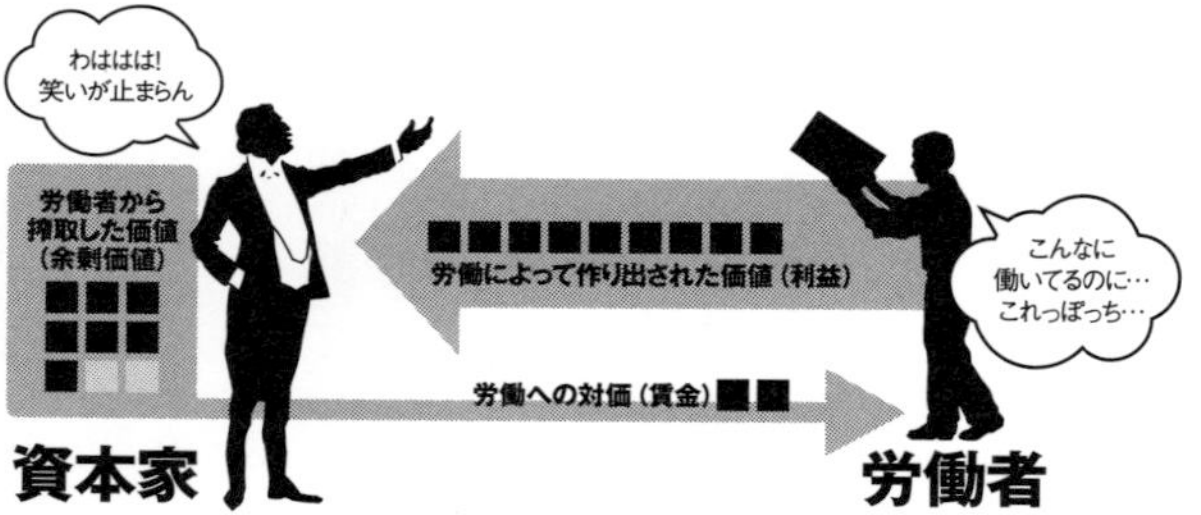

利益のほとんどは資本家の懐に…

一生懸命働いて多額のお金を稼いでも、彼に支払われるのは、彼が生活するのに困らない程度の賃金にすぎないのだ。では、彼がそれ以上に稼いだお金はどうなったのかというと、それらはすべて資本家の懐《ふところ》に入っているのである。

「これは、資本家が労働者を搾取しているという構図である」

そうマルクスは指摘する。

でも、その指摘が正しいとして、それがそんなに問題だろうか？　たしかに「資本家が、労働者からピンはねしてウハウハという構図」は、ちょっとひっかかるものの、労働者が満足して暮らせる賃金がもらえているのなら、まぁ別にそれでもいいんじゃないだろうか？　つまり、労働者を含む全員が、高い水準の生活レベルで幸せに暮らしていけるのであれば、裕福さに多少の凸凹《でこぼこ》はあっても許容できるはずである。

だが、そこで、マルクスは「いやいや、そんな甘いもんじゃないよ」と首を振る。

なぜなら、資本主義には「搾取している側（資本家）同士の競争」があるからだ。

たとえば、価格競争。ある資本家が、ライバルの資本家に勝つために今まで二〇〇〇円で売っていたものを、一八〇〇円で売るという現象を考えてみてほしい。同じような商品ならば、安い方が売れるに決まってる。だから、ライバルより少しでも安い値段をつけようとするのは当然のことであろう。でも、ライバルだって黙ってはいない。あっちが一八〇〇円なら、こっちは一七〇〇円だ。相手も負けないように値段を下げてくる。

だが、こうして互いに価格を下げていけば、だんだんと利潤が低くなってしまう。そうすると、労働者がどんなにがんばって働いても、あまり利益が出なくなっていくわけだが、それでも資本家としては利益を得たい。じゃあ資本家はどうするかというと、労働者の賃金を下げたり、労働者に過剰な労働を求めたり、と一番立場の低い労働者を酷使し始めるのである。

つまり、資本家たちの「儲けたい」という個人的な欲望が、労働者（みんな）の生活を苦しめる結果になるのだ。これは、アダム・スミスの「見えざる手」の理論に対する明確な反論である。

では労働者の生活が苦しくなると、どうなるだろうか？　そもそも、人類の大半は資本家ではなく、労働者である。そして、基本的に市場でものを買うのも労働者である。だから、労働者の賃金が安くなり、彼らの生活が厳しくなれば、当然、彼らは市場であまりものを買わなくなる。買うにしても、贅沢品はなるべく避け、財布の紐《ひも》をきつく締めることだろう。つまり、ものが売れなくなるのだ。

当然、ものをつくっても売れないということは、企業の利益低下につながる。すると、採算が取れない企業は人員削減のため大幅なリストラを行い、失業者が街にあふれるようになり、すると、ますます市場でものを買う人が減っていき、すると、企業の利益がさらに低下し……、という悪循環が始まるのだ。

だが、そんなふうに社会の経済状況が悪化しても、最初に痛い目にあうのは必ず労働者である。なぜなら資本家は労働者のクビを切れるが、労働者は資本家のクビを切ることはできないからだ。したがって、企業の経営状況が悪くなれば、まず真っ先に弱者階級である労働者のクビが切られる。

こうして職にあぶれた労働者たちは、生活のため、足を棒にして再就職先を探し、なんとか職にありつこうとする……。だが、結局、どこで働こうとそこで起こるのは同じ搾取……。結局、搾取する資本家が変わるだけで、搾取される構図は何も変わらないのである。

マルクスは、このように資本主義とは「資本家（ブルジョワジー：搾取する側）」と「労働者（プロレタリアート：搾取される側）」という新しい身分階級をつくり出すシステムであると解釈した。そして、資本家同士の争いのせいで、経済が破綻するが、それでも相変わらず、支配階級である資本家が労働者を不当に酷使しようとすることから、必ず労働者たちが団結して資本家を打ち倒すような**革命**――労働者革命が起こるだろうと考えた。すなわち、マルクスは資本主義の終焉《しゅうえん》を予言したのである。

「共産主義」の思想

そして、マルクスが偉かったのは、ただ「資本主義はダメだよ、終わるよ」と言っただけではなく、「じゃあ、資本主義が終わったあとは、どんな世界になるべきなのか。どんな主義に基づく国家ならよいのか」と、崩壊後の世界についてもきちんと考えていたことだ。彼は、資本主義が崩壊したあとの次世代社会システムとして**共産主義**を提唱した。

ここで共産主義とは、簡単に言うと「みんなで財産を共有して暮らしましょう」という思想のことである。

つまるところ、資本主義の問題は、「お金持ちが庶民を働かせて搾取する」という構造にあった。

ここで、お金持ちは、そのお金を元手に資本家としてさらに財産を増やすことができるが、一般庶民は元手がないから一生労働者として搾取されるしかない。そのため、「お金持ちはますますお金持ちに、貧乏人はますます貧乏人に」という具合に「格差」が広がっていき、「資本家」という絶対的に有利な支配階級ができてしまうのである。

さぁ、この問題をどうやって解決すればいいだろうか？

簡単である。国家が、資本家を含む全員の私的財産を取り上げてしまえばいいのだ。すべての財産を国家が管理し、それを各個人に公平に分配すれば、格差のない平等社会ができるだろう。こうすれば、「資本家の年収が、労働者の年収の一生分」などというバカげた事態は起こらないはずである。

なるほど、こう聞くと、共産主義は、理想的な平等社会のように思える。だが、現実には、このマルクスの哲学に後押しされて生まれた多くの共産主義国家はすでに破綻しており、歴史的にはダメな主義として決着がついてしまっている。たとえば、レーニンやスターリンは、マルクスの哲学を信奉し、ソビエト連邦という共産主義国家をつくったが、結局、彼らの国家は破綻してしまい、今は存在していない。

いったい何が問題だったのだろう？

それはまぁいろいろあるが、とりあえず、ここでは二つに絞って簡単に述べてみよう。


まず一つめは、「**平等なんてウソだった**」という問題である。そもそも、共産主義国家は、「すべての階級や差別をなくした平等社会」という理想を掲げてつくられたわけだが、そんなことといったって、やっぱり国家の実権を握っている「共産党官僚」が一番偉いのだ。だから、結局は「官僚」という新しい「貴族階級」ができただけで、「理想の平等社会！」とか「特権階級をなくそう！」とかは、所詮ウソっぱちだったのである。そして、その官僚（貴族階級）たちが何をやったかといえば、自分たちの思想に従わないものを弾圧するという恐怖政治であった。官僚たちは、秘密警察を組織して、政府を批判するものたちを、次から次へと捕まえては殺しまくったのである。こうして民衆は、秘密警察に怯《おび》えながら国家の指示に従って黙々と自分の役割をこなす、という人権無視の酷《ひど》い生活を送ることとなったわけだが、それはもはや「理想の平等社会」というよりもただの刑務所であった。

つまるところ、共産主義という思想は、「労働者を資本家から解放する平等社会」を成し遂げるどころか、「労働者の自由も人権も奪う、最悪の非平等社会」という醜悪な結果を招いたのである。

二つめは、**「平等だから、みんなやる気をなくしちゃったよ」**という問題である。なんとなく「平等」って聞くと、素晴らしいことのように思えるが、でも本当に「平等」ってそんなに素晴らしいものだろうか？

だって、平等ということは、競争によって収入の格差が生まれないということだから、どんなにがんばって働いても収入は同じということなのだ。真面目にバリバリ仕事しようが、遊びながらダラダラ仕事しようが、収入に変化がないのである。これでは、労働意欲が高まるはずもないだろう。実際、共産主義国家の生産力や品質は低下の一途《いっと》にあり、経済状況は悪くなる一方であった。ようするに、「平等」だからって必ずしも物事がうまくいくとは限らないのである。

という感じで、「理想の平等社会」をうたう共産主義国家には、以上のような問題があった。

ただし、よい面がまったくなかったというわけではない。共産主義では、国家がすべての富と権力を集中して管理するわけだから、大規模な開発については得意だったりする。というのは、国家が「宇宙ステーションをつくるぞ！」とか「最強の戦闘機をつくるぞ！」と大々的な方針を打ち出せば、そこにいくらでもお金を費やしたり、国一番の天才たちを好きなだけ集めたりできるからだ。実際、ソビエト連邦は、共産主義が優れた国家体制であることをアピールするため、過剰なほど宇宙開発に打ち込んだり、軍備を拡大したりとがんばっていた。そして、宇宙開発においては、一時的にだが、アメリカを上回る成果を出しているのである。

「資本主義」の強さ

だが、その一方で、共産主義は町レベルの「小さな開発」については苦手であった。はっきり言って、小さな開発については、資本主義の方が強い。

たとえば、道を歩いているとき、こんなことを考えたことはないだろうか？

「ああ、ここに食べ物屋をつくったら絶対成功するだろうなー」

毎日、同じ道を歩いてる個人だからこそわかることがある。昼どきになると、オフィスビルから大量のサラリーマンが出てきて、遠くのコンビニまで弁当を買いに行ってるのを見かけたら、誰でもそう思うだろう。さぁ、こんなときどうする？　そんなの決まってる！　勝負だ！　借金して、定食屋をつくって勝負するに決まってるじゃないか！

いつかは大金を得て人生を思いのままに生きてみたいと願っていたある男は、そのヒラメキに人生を賭けることを決意する。彼はしがない労働者から成り上がるため、安定した職をやめ、借金を背負い、定食屋を始める。

そしたら、大成功！　彼のヒラメキはやはり正しかったのだ！　そして儲けたお金で、二号店、三号店と、事業を拡大。そのうち、彼自身は店で働かないようになる。他人を働かせて、自分では指一本動かさず、大金を儲けるようになるのだ。バイトや社員には、月に一〇万〜二〇万ぐらいを支払い、彼は毎月二〇〇万〜三〇〇万、いやそれ以上の月給をもらって贅沢気ままに面白おかしく暮らすのである。

という感じになればいいが……、現実はそんなに甘くはない……。

実際、彼が定食屋を始めてみると、なぜか客が寄りつかず、仕入れた食材は無駄になりゴミ箱行き……。ただ莫大《ばくだい》な借金だけが残ってしまった……。「絶対儲かる！

俺は成功する！」と意気込んで始めただけに、その落胆は計り知れない。そして、あとに続くのは、借金まみれの惨《みじ》めな人生。いつ首を吊《つ》って死んでもおかしくないだろう。だが、それも人生である。敗者は失うのだ。それを捻《ね》じ曲げたら何が何やら……。それは資本主義では当然のこと。

ただここではっきりしていることが一つある。それは、彼の店が潰《つぶ》れたとしたら、その場所に食べ物屋が必要なかったということだ。そして、逆に潰れなかったとしたら、その場所に食べ物屋が必要だったということだ。すなわち、適者生存。つまり、現在、その町で生き残ってるお店は、みんなにとって必要であったという証拠なのである。

ようするに、個人的な野心で始めたお店やベンチャー企業が、毎年のように、ポコポコできては、バタバタ潰れるが、それはその実、適者生存の**最適化**が行われているのだ。

彼らの人生を賭けた最適化によって、町は、ちょうどいい感じに「ああ、この場所にこんな店が欲しかったんだよね」的な効率的な配置で発展していくのである。こんなふうに資本主義におけるシステムは、最適を目指す力がある。

では、これが共産主義だとどうなるだろう。すべての店は、みな国営になるのだから、資本主義のように、人生を賭けて必死に考えたりはしないだろう。それに、真面目に考えようと不真面目に考えようと、給料は変わらないのだ。だから、いい加減なお役所仕事で、店の配置を決めるぐらいである。そうすると、実態にそぐわない非効率な町並みがつくられることになるだろう。

ようするに、「あんなところに、あんな店をつくってどうするんだよ」的な店がいっぱいできてしまうのだ。これが資本主義ならすぐに潰れるし、もっと便利なところに店をつくって、儲けようとする人が現れるが、共産主義の場合は国営だからそんな店でも潰れることはない。そのまま、居座り続けることになる。かくして、世界一の宇宙ロケット技術を持つ大国なのに、たかだかパン一個買うのに、寒空の下を何キロも歩いて、何時間も並ばないと買えないというバカげた事態が起きてしまうのである。

結局、ソビエト共産党は、自らの不合理さを認めて破綻を宣言。一九九一年に解体することになる。共産主義が掲げた「理想の平等社会」はやはり理想にすぎなかったのだ。そして、こうした共産主義国家の破綻により、「資本主義はダメだから共産主義に移行するであろう」というマルクスの哲学はもはや説得力を失ってしまったのである。

また、マルクスが予言した資本主義の崩壊も、起きそうでなかなか起きなかった。何度となく不況や大恐慌を経験しながらも、資本主義経済は崩壊することなく、現在まで生き延びている。もちろん、もしかしたら、次の危機は乗り切れないかもしれないし、もしかしたら、永遠に崩壊しないかもしれない。結局、実際に崩壊するまで、マルクスの予言は保留のままである。

結論を言えば、「共産主義が資本主義より優れている」という証明があるわけではないのだから、「資本主義がダメだから共産主義をやろう」という選択は、決して正当なものとはいえないのである。ましてや、共産主義国家をやると、こんなふうに破綻するよということは、歴史がすでに証明してしまっているのだ。

もちろん、共産主義がダメだからといって、資本主義の問題が解決されたわけでもない。マルクスが指摘した資本主義の問題点はいまだに残っている。結局、共産主義が失敗の烙印《らくいん》を押され、資本主義に代わるシステムを今のところ誰も考えついていない以上は、しばらく、僕たちは資本主義というシステムで生きていくしかないだろう。

しかし、だからこそ、僕たちは、マルクスが指摘した資本主義の問題をちゃんと受け止めて、どう生きていくべきか、国家をどうしていくべきなのか、それを真剣に考えていく必要があるのだ。

僕たちは何のために働くのか？

ところで、そういえば僕たちはいったい何のために働いているのだろう。ちょっとここで、現代の資本主義社会における僕たちの労働とはいったい何なのか考え直してみよう。

まず基本的に資本主義社会とは「消費経済」であるが、実は「成長し続けなければいけない」という過酷な宿命を背負っている。それは簡単に言うと「会社は、毎年、どんどん新しい製品を開発してつくり続けなければいけない」ということである。

こんなふうに考えたことはないだろうか？

「どうして会社って、毎年のように新製品を出してるんだろう？　今年は休んで、昨年と同じものをつくるとかすればいいのに。同じものをつくれば、開発費もかからないから、その分もっと安くなるのにさ」

いやいや、資本主義社会ではそんな甘えたことは許されない。実際の話、もし「毎年、新製品をつくり続けてきたある大手メーカー企業が、今年は新製品をつくるのをやめた」としたら、大変なことになってしまう。はっきり言うと、ものすごい失業者が出てしまうのだ。

だって、本来、新製品をつくるということは、新製品を企画する人、新製品の設計図をつくる人、新製品を製造する工場の機械をつくる人、その機械のネジをつくる人、パッケージのデザインをつくる人などなど、大勢の人たちの労働が必要なのだ。だから、「もし、今年は新製品をつくりません」なんて言ったら、昨年まで新製品づくりに関わっていた労働者が、いっせいに職を失ってしまうことになる。それで仮に頂点の大手メーカー企業は生き残れたとしても、その下請け会社、孫請け会社、町工場など、体力のない小さな会社は全滅だろう。ほんの一年、たった一年、「新しいものをつくる」ということをやめてしまっただけで、とんでもない崩壊が起こるのだ。そして、一度、失われたものはそうそう取り戻せない。「一年休んで、来年もう一度、優秀な人材を集めて新製品をつくろう」と思っても、もう手遅れである。今までパートナーだった会社はみんな倒産してるか、よくてライバル会社の下についているだろう。

だから、決して止まるわけにはいかない。止まってしまったら死んでしまうマグロのように、死にいたるその日まで必死に泳ぎ続けなくてはならない。資本主義社会という世界において、会社とは、常に新しいものをつくり続けなくてはならない宿命を背負った生物なのである。

でも、毎年、画期的な新製品の企画が出るとは限らない。そんなときはどうすればいいのだろう?

そもそも、既存の製品に改良の余地があるときはいい。今までの問題点を改良したより高性能なものを、新製品にすればいいからだ。

だが時間とともに、クーラーも、冷蔵庫も、炊飯器も、洗濯機も改良され続け、もはや改良の余地なんかどこにもなくなってくる。そして、それらの製品に関する、気の利いたアイデアも全部出尽くしてしまった。

だが！　それでも、洗濯機をつくる会社は、新しい洗濯機をつくらなければならない！　炊飯器をつくる会社は、新しい炊飯器をつくらなければならない！

もちろん、もはや改良する余地もなく、いいアイデアなんかも全然ない……。だから、なんでもいいから飛びつく。流行。新しいキーワード。

たとえば、ファジー理論が学会で発表されれば、「ファジー式炊飯器」ができる。マイナスイオンが健康にいいという俗説がはやれば「マイナスイオンを噴射するクーラー」をつくる。

もしかしたら、こんなふうに思っていた人もいるかもしれない。

「マイナスイオンが健康にいいなんて科学的に証明もされていないのに、どの会社もその俗説を取り入れた電化製品をつくってさ。まったくバカだよなぁ」

いやいや、会社の人たちだってバカじゃない。そんなことぐらい、とっくにわかっているのだ。でも、わかっていてもつくり続けなくてはいけない！　新しいものを！

「とにかく、今年は、マイナスイオンでしのぐんだ！」

そして、本来必要のないそんな製品を、労働者たちは一生懸命つくり続ける。すべては、資本主義社会を継続させるため……。心のどこかで「どうしてこんなものをつくってるんだろう」と疑問に思いつつも必死につくり続ける。

だが、がんばってその製品をつくっても、それは決して自分のものにはならない。労働者がつくったものは、すべて資本家のものだからだ。その製品を売って得たお金の大半は、すべて資本家の懐に入る。それでも、労働者は働き続ける。新商品を考え出し、つくり続ける。それしか生活を成り立たせる術《すべ》を持たないからだ。

しかしそうやって、がんばって労働し新製品をつくっても、またすぐに来年がやってくる。そしたら、また新製品が必要だ。さぁ、どうしよう。どうやら今、学会では「パイこね理論」がはやっているようだ。じゃあ、もうネタもないし、「パイこね式クーラー」「パイこね式洗濯機」「パイこね式炊飯器」でもつくろうか。ああ、もう何が何だかわからない。

「とにかく、今年は、パイこね理論でしのぐんだ！」

でも、そうこうしているうちに大不況が来て、賃金も安くなり、さらにサービス残業も増えてきた。労働に費やす時間は増えたのに、生活はどんどん苦しくなっていく。

おかしい。なぜこうなってしまったのだろう。コンピュータひとつ見てもわかるとおり、現在の人類の技術力は凄まじいものである。だから、「人間が生きていくのに困らないものを自動的に生産する能力」だって、もうすでに十分にあるはずである。だが、現実は、こうして一度きりしかない人生の時間の大半を削って、資本家のため、資本主義経済の維持のため、労働し続けなければいけないのである。

労働の価値

たしかに、資本主義のおかげで、僕たちの生活は豊かになった。だが、実のところ、もはや十分に豊かになったといえるのではないだろうか。僕たちの生活を豊かにする技術は飽和したといっていいのではないだろうか。だとすると、僕たちはいったい、何のために労働するんだろう？

ものがあふれ、生活必需品を自動的に生産できるシステムすらつくり出せるはずの知恵を持った人類は、なぜ毎日、「お金がない」と言い続けながら、人生を労働に費やし続けているのだろう。僕たちは、働くために生まれてきたのだろうか。

そもそも、最初は、自分たちの生活を豊かにするために、資本主義経済をつくり出したはずなのに、いつの間にか、そのシステムを維持するためだけに、過剰な労働を強《し》いられている。それは主従関係がいつの間にか逆転した状況だといえるだろう。

そして、インターネットが普及し、ネット上で安価に娯楽を得ることができるようになった今、はっきり言ってそれほどお金を稼ぐ必要性もなくなりつつある。

「大きな家に住んで、いい服を着て、いい車に乗って、街に繰り出して遊んだり、遠くに旅行に行くこと」、それがかつての贅沢の仕方であり、出かけるたびにお金がかかる（消費する）から、がんばって稼ぐ必要があった。だが、いまや家でパソコンの前で、インターネットをしたり、ネットゲームで遊んだりするだけでいくらでも時間が潰せる時代なのだ。テレビ、ネット、ゲーム、動画サイト、匿名掲示板……、それらはとても安価な娯楽である。田舎の小さな部屋にパソコンとネット回線さえあればいい。月に何日かバイトするだけで、十分に娯楽を楽しむことができるだろう。

さぁ、そうなったら、誰が、一生懸命働くだろうか。ますます、一生懸命働く意義などなくなってくる。だが、みんなが一生懸命働いて成長し続けていかないと、資本主義社会は崩壊してしまうのだ。

かつては、地位のない庶民でも「成り上がれる」「贅沢できる」という欲望が資本主義を維持する原動力となっていた。だが、今の世の中は、そんなに苦労してまで欲しいものなどどこにもない。もはや、経済的成功に対する欲望は薄れてしまったのだ。だからこそ、「働きたくない」「働いたら負けだと思う」という人種――ニートたちが出てきても、何もおかしくはないのである。

今、世間ではまったく働かないニートが社会問題になっていたり、生きるために必要な分しかバイトで稼がないという人種も増えつつある。それは決して、若者たちが堕落したわけでも、親のしつけが悪いわけでもない。彼らは、資本主義社会の成長が飽和状態に達したため**「労働の価値を見失った」**という新しい「歴史的な問題」に直面した世代の人類、新しい血族であり、のちに何百年後かの人間が、僕たちの時代を歴史として見た場合、「そりゃあ、そういうやつも出てくるに決まってるよ（笑）」と評するであろう、歴史的に必然の人種なのだ。

そんな時代に生きる僕たちは、**労働の価値**を見直すという歴史の転換期にきているのである。

国家は何をしてくれるのか？

では、労働することの「価値」が失われつつある世の中で、国家は何をしてくれるのだろうか？

結論を先に言ってしまおう。

「国家は何もしません！」

これがその質問の回答である。なぜかというと、現在の国家は、「何もしない」という哲学に基づいて運営されているからだ。

これまで本書で紹介してきたとおり、さまざまな哲学者が「○○説」や「○○主義」を主張してきた。そして、政治家たちは、その時代における哲学を信奉して、それに基づいて国家を動かしてきたわけであるが、これは決して過去だけの話ではない。今、現在の政治家たちだって、やっぱりどこかの哲学者が考えた「○○主義」を信奉して、国家を運営しているのである。

では、現在は「何主義」の時代なのだろうか？

政治家たちは、「何主義」に基づいて国家を運営しているのだろうか？

実は、今は**新自由主義**を信奉している時代である。

新自由主義とは何か？　「新」とつくぐらいだから、もちろん「新」がつかない、ただの「自由主義」もある。そっちの自由主義は、本章でも説明したアダム・スミスの哲学のことである。アダム・スミスが述べていたことを思い出してほしい。

「個人が欲望の赴《おもむ》くまま『自由』に経済活動しても、最終的には『見えざる手』の働きによって、みんなが幸せになるだろう」

この考え方が、「自由主義」である。ようするに、「みんなが自由にやりたいようにやればいいと思うよ。そしたら世の中よくなるよ」という思想のことである。実は、このアダム・スミスの自由主義が、現代において、形を変えて復興しており、それが「新自由主義」なのである。

ちょっと新自由主義にいたるまでの歴史を振り返ってみよう。

かつて、世界の市場はアダム・スミスの自由主義に従い、みんなが自由にやりたいようにやってきた。そして、ある日、世界恐慌が起きて、各国の経済がとんでもないことになるという大事件が起こってしまった。

そこで「うわあああ、やっぱり、自由に市場を放置していたら危ないよ！　やっぱり国家が、ちゃんと監視して、市場をコントロールしていかないと！」ということになって、「国家が積極的に市場に介入して、景気をコントロールする」という方向に、世界各国の思想はバタバタと傾いていったのだ。

こうして、国家は、景気が悪くなったら、ドカンと税金を使って公共事業を始めて企業に仕事を与えるなど、景気対策を行うようになり、市場の景気は安定して、みんなが安心して働くことができる平和な時代が続くこととなったのである。

しかし、そんな時代もいつしか終わりを告げる。政府が市場をリードするため、公共事業と称して、税金を市場に次々と投入し続けたが、所詮はお役所仕事である。無計画に公共事業を進めて、採算の取れない赤字施設をガンガンつくったりとか。全然経済効果のないところに無駄なお金をガンガンつぎ込んだりとか。また、国から仕事を受注する企業も、国がたっぷりお金を持っているからと、相場より高い値段をドカドカつけたり……、お役所はお役所で、自分の懐が痛むわけじゃないから、いいやいいやと、税金をドカドカと支払ったり……。とまぁ、そんなことばかりやっていたら、国家が始めた公共事業は次から次へと破綻。赤字施設を大量につくったあげく、国家に大きな借金を残すこととなったのである。

結局、そうしたさまざまな問題が噴出し、ついには国家が統制しても、景気のコントロールがうまくいかないようになっていく。そして、日本もアメリカも他の先進諸国も、国家統制による経済政策の失敗を自覚するようになったとき、今度は、逆の方向にバタバタと思想が傾いた。

「うわあああ、やっぱり、国家が市場をコントロールしようなんて余計な口出しをしなければよかったあ！」

こうしてその反省から、今度は、「やっぱり、国家は何もせず、市場はみんなの自由にまかせておけばよかったんだ」というアダム・スミスの「自由主義」が見直されるようになり、現代における「新自由主義」が始まったのである。

こんなふうにして日本やアメリカをはじめとする世界各国で、「新自由主義」が国家運営のトレンドとなっていったわけであるが、では、新自由主義とは具体的には、いったいどんな思想なのだろうか？

ひと言で言えば、新自由主義とは「市場のことは市場にまかせて、すべて民間企業の自由にさせてみよう主義」のことであるが、特筆すべきポイントが二つあるだろう。

規制緩和と小さな政府

一つめのポイントは、**構造改革による規制緩和**である。これを聞いてピンときたかもしれないが、つまり小泉内閣がやったことである。さて、「構造改革」とカッコいい言葉でいってるが、これはようするに、「民間企業を制限するような法律は撤廃して、彼らの自由にさせてみようよ改革」のことである。つまり、「構造改革＝みんなが自由に商売できるように法律を変えちゃうぞ！」という政策だ。

それまで国家は、「いやー、いくらなんでもそれを許すと、世の中が混乱するから制限しておきましょうよ」という法律をいくつもつくっており、それで市場をコントロールしてきた。だが、ここで「新自由主義」により、「もう制限するのやめました！そんな自由を抑圧する法律は撤廃します！　みなさん自由にしてください！」とやったのである。

たとえば、タクシー会社や運送会社の設立に関する制限の法律があれば、それを撤廃。派遣社員を送る会社に関する制限の法律があれば、それも撤廃。とにかく、撤廃である。

なぜつくっていた制限をわざわざ撤廃したのか？

それは、アダム・スミスの「見えざる手」を信じてのことである。そもそも、アダム・スミスが言っていたのは、「市場は個人の欲望のままに自由にさせた方がいい。その結果、『見えざる手』の導きによって、必ず、全員が幸せになる結果を生み出すだろう」ということであった。新自由主義という思想は、このアダム・スミスの古典的な市場原理を基盤に置いている。だから、新自由主義を信奉するものにとって、自由こそが「善」であり、その自由に人為的な制限をかけるのは、「見えざる手」の邪魔をすることであり、「悪しき」ことなのである。

とまぁ、そういうわけで、現在、僕たちは、小泉内閣の構造改革により、さまざまな規制が撤廃され、みんなが自由になった。でも、その結果、どうなっただろうか？

タクシー会社は、制限なくいくらでもつくれるようになったので、小さなタクシー会社が乱立。結果、価格競争が始まり、収益が低下。運転手の賃金は削減。さらに、過剰な労働時間が運転手に求められるようになるが、それでも儲からず、結局、多くのタクシー会社が倒産。運転手たちは失業者として、寒空の下に放り出されることとなった。

また、派遣会社に関する規制撤廃により、派遣会社がたくさんできたが、その結果、企業は、正社員を雇うより、会社の経営が厳しくなったらいつでも切ることのできる派遣社員の方を大量に雇うようになった。正社員の雇用は、不況になったら減らすことができないので、なるべく控《ひか》える。こうして、民間企業に大量の派遣社員が流れ込むことになり、そして実際に不況になったら、一気に切られる……というよくよく考えたら当たり前の悲惨な事態が起こったのである。

そもそも、派遣会社というのは、派遣社員を企業に送り込み、そこでマージンをもらうという業種のことであるが、国家は、これを中間搾取の構造であるとしてずっと規制をかけてきたのだ。だが、それも「新自由主義」の名のもとに、規制を撤廃して自由にしたのである。

新自由主義の二つめのポイントは**小さな政府**である。それまで、国家は集めた税金を使って、郵便局や高速道路などの公共事業を運営してきたが、これも、「新自由主義」の観点でいうと「国家がやってはいけない仕事」である。なぜなら、公共事業とは、民間企業が市場に介入する自由を阻害する行為だからだ。したがって、国家が今まで「行政サービス」としてやってきた公共事業は、全部とりやめて、民間企業の自由にまかせるべきなのである。

これが、小泉内閣が「郵政民営化」に強くこだわっていた理由である。すべては「新自由主義」の思想に基づく政策だったのだ。

さて、ここまでくれば、本章の冒頭で述べた結論の意味がわかっただろう。国家は僕たちに何をしてくれるのだろうか？

「国家は何もしません！」

なぜなら、今は「新自由主義」を信奉している時代であり、「新自由主義」においいて、国家とは「自由な競争ができる舞台をつくり出し、あとは何もせず、それを見守る小さな機関」だからである。

そして、その国家が生み出すものが、自由な競争社会である以上、そこで何が起きてもすべて「自己責任」である。競争に負けて、貧困に落ちぶれても、もはや国家はそれに責任を持たない。国家は、制御をやめたのだ。国家は、昔、制御しようとして大失敗したから、もう、好きにやっちゃってー、という方向に流れたのである。そして、自由な競争社会だからこそ、貧富の差は広がり、「格差」が生まれ、「勝ち組、負け組」という言葉が世の中にあふれるわけだが、それも当然のことといえるだろう。だって、「自由な競争」を放置するわけだから、うまいことやって勝ち続ける人と、うまいことやれず負け続ける人が出てくるに決まっているからである。

もっとも、国家もそのあたりの混乱は、最初から予想済みであっただろう。実際、小泉内閣も「痛みを伴う構造改革だ」と当初からはっきり述べている。つまり、「いきなり自由にしたもんだから、しばらくは市場は混乱するし、痛い目にあう人も出てくるよ」という話で、すべては予想の範囲内のことであったのだ。

だが、たとえそれで市場が混乱しても、なんとかなると彼らは思っていた。なぜかといえば、もちろん新自由主義の思想があったからだ。つまり、どんなに最初は混乱していても、そのうち「見えざる手」によって、おさまるところにおさまり、結果としてうまくいくと考えていたのである。

「それでも『見えざる手』なら……『見えざる手』ならきっとなんとかしてくれる！」

だが……、「見えざる手」なんてホントウにあるのだろうか？　もともと「見えざる手」なんてものは、ただの信念であって決して科学的でもなければ理論的な根拠のあるものでもない。このまま、何もせず放っておけば、ホントウにうまくいくのだろうか……？

さぁ、これから国家はどうなっていくのだろう。このまま、新自由主義を突き進むのか。それとも政権交代や不況などの影響で「やっぱり国家がちゃんと制御しなきゃ！」と再び反対方向にバタバタと倒れていくのか。

一つはっきりしていることは、みんなが安価な娯楽に満足し、「労働の価値」を見失ってしまったとしたら、新自由主義だろうと反・新自由主義だろうとうまくはいかないということだ。そのときには、新自由主義に代わる「新しい○○主義」を考えださなくてはならない。

当然それは、この時代、今の時代を生きる僕たちの役目であるが、その使命を果たす可能性が特に高い人々がいる。経済システムを維持するためだけに働かされ続け、過剰労働で身体を壊してしまった人たち、もしくはそんな労働に生き甲斐《がい》を見いだせずついには心の病気になってしまった人たち、ワーキングプア、負け組、ニート。すなわち前時代の主義により生み出された歴史的問題の渦中にいる人々。彼らは歴史の最先端を生きる人間であり、それゆえに彼らこそが「国家とは何か」「労働とは何か」「満足して幸福に生きるとはどういうことなのか」を真剣に哲学し、「新しい価値」をつくり出していかなければならない。そして、彼らから生み出された「新しい価値」が、将来、文化・政治・経済あらゆる分野でこれからの世界の舵をとっていくのだ。

今、世界は新時代のルソーを求めているのである。

第三ラウンド

神様の『真理』ワワワッ

——神は死んだってどういうこと？

神聖不可侵にして究極のタブー「神」。

古来より人類は「神」を畏れ、敬い、
さまざまな宗教をつくり出してきた。
だが、実際にその神を見たものがいるのだろうか？

聖典を開けば、いくらでも奇跡を起こす
神の姿を見ることができる。
しかし、神の奇跡は、
いつも「信者の著作」のなかである。
そう、神は保護されている！

だが、そこへタブーを恐れず、
「神」の正体を
見きわめようとした哲学者が現れた。
「神は死んだ」
それはいったいどういう意味なのか？

そして、
絶対的な正しさを信じられない、
神なき時代に生きる現代人たちは
何を支えに生きていけばよいのか？

［古代］
人が神に救いを求めた時代
エピクロス
イエス・キリスト

ワワッ

［中世］
神学VS哲学 生き残るのはどっちだ？
アウグスティヌス
トマス・アクィナス

［現代］
神が死んでも生きていく方法
ニーチェ

ワッ

今、哲学者が
「神」の前に立つ！

Philosopher
19
由緒正しき快楽主義者
エピクロス
得意技 快楽主義

紀元前341年〜紀元前270年頃
出身地：ギリシア
30代半ばで、弟子たちとともにアテナイ（アテネ）に「エピクロスの園」と呼ばれる小さな学校を開き、自給自足の共同隠遁生活を始めた。

神様のことなんか気にしなくていいよ
エピクロス

神様って何だろう？　ニーチェの「神は死んだ」という言葉はとても有名だが、いったいどういう意味なんだろう？

神に関する哲学は古来よりたくさんあるが、一番古くて、かつ現代的なことを述べた哲学者といえば、やはり**エピクロス**（紀元前三四一年―紀元前二七〇年頃）であろう。そのエピクロスが生きていた紀元前三〇〇年頃、実は世界ではとんでもない大事件が起きていた。なんと世界中のほとんどの「国家」が崩壊してしまったのである。

アレクサンドロス大王による大侵略。アリストテレスの教え子であり、血気《けっき》盛んな若き王であったアレクサンドロスは、世界征服の野望にとりつかれ、強大な軍隊を組織。すべての国家を滅ぼさんと、世界を相手に大規模な侵略戦争を始めたのだ。

それはまさに、平和にのんびり暮らしてきた古代の街に、突然襲いかかった大津波。彼の大軍団は、世界中の国々をあっという間に飲み込み、次々と征服していった。その結果、それまであった国家のほとんどが崩壊。そして、ヨーロッパからアラブ、アジアにまでわたる超巨大な一大帝国が築かれたのである。

そんな混乱の時代。祖先から受け継いできた伝統ある国家が滅亡するというショッキングな事態に、人々は精神的支柱を失い、社会不安にさいなまれるようになる。愛国心の薄い現代の僕たちにはあまり想像できないかもしれないが、昔の人の感覚からすれば「祖国が崩壊する」というのは、すなわち、アイデンティティの崩壊であり、自我の崩壊であり、いつ発狂してもおかしくないほど衝撃的なことであったのだ。

そのため、「そんな世界で不安に押し潰《つぶ》されず幸福に生きていくにはどうすればいいのだろうか?」ということをテーマにした哲学が、積極的に考えられるようになる。そして、その結果、以下の三つの哲学の学派が生み出された。それぞれ紹介していこう。

まず一つめが、**キュニコス派**である。彼らは、「世間的な幸せ」を放棄することで「ホントウの幸せ」に到達しようと考えた学派である。そもそも「世間的な幸せ」とは何かといえば、ようするに、金や家や地位など「何かを所有すること」である。だが、この混乱の時代、いつ他者に暴力でそれらが奪われるかわかったものではない。だとすると、そんな外的要因でなくなってしまう「世間的な幸せ」とは、到底「ホントウの幸せ」とはいえないだろう。そこで彼らは、こう考えた。

「最初から何も所有していなければいいのだ！」

つまり、何も持っていなければ、何も奪われることはない。その状態で幸せになれれば、誰も奪うことのできない「ホントウの幸福」に到達したといえるはずである。こうして、この学派の人々は、すべての所有物を捨てて、裸足でボロ布を一枚だけ身にまとい、乞食《こじき》のような生活をしながら幸福になることを目指すようになったのである。

二つめが、**ストア派**である。「ストイック」の語源にもなった**禁欲主義**の学派であり、彼らは、理性をしっかり持って規律正しく生きることが幸福になる方法だと考えた。だが、その理性を曇らせてしまうものが欲望である。たとえば、理性では早く寝なければいけないとわかっているのに、本の続きを読みたいという欲望に負けてしまい、夜更かしをするパターンを考えてみてほしい。もしそこで理性が欲望に負けずにきちんと正しい行動（早く寝る）を選択していれば、何も問題は起きなかったはずである。こういったことから彼らは、快楽を得たいという欲望を理性がしっかりと抑制すれば、問題のない安定した幸福な人生が訪れるだろうと主張し、欲望に負けない強い理性をつくり出すための禁欲的修行をすることを提唱したのである。

そして、最後の三つめが**エピクロス派**である。その創設者エピクロスが主張する幸せな生き方はとてもシンプルなものであった。

「気持ちいいことをして、楽しく生きよう」

この言葉でわかるとおり、彼の哲学はストア派とまったく正反対で、人間の欲望を肯定するものであった。ただし、決してエピクロスは「禁欲の果てに辿《たど》り着く境地などタカが知れたもの！　幸せになりたくば快楽をむさぼれ！　朝も昼も夜もなくむさぼれ！　むさぼってむさぼってむさぼりまくれ！」と言ったわけではないことに注意してほしい。

真の快楽とは

エピクロスが肯定する快楽とは、「飢え、渇き、寒さ、暑さ」といった苦痛が取り除かれた「普通の状態」のことである。だから、なにも「一過性の快楽をむさぼりまくれ」と主張したわけではない。たとえば、飽食や寝すぎは、その瞬間は気持ちいいが、あとで必ず辛い目にあってしまう。そういう一過性の快楽はエピクロスにとっては、快楽の定義に含まれないのである。

ようするに、エピクロスの言う快楽とは、自然で慎《つつ》ましいものであった。そして、そういった自然な快楽を、自然に満たして楽しく生きていこうじゃないかと提案したのである。

と、このようにエピクロスが語る幸せになる方法とは、とても素朴で当たり前のものばかりであった。そんな彼の哲学に比べたら、キュニコス派、ストア派は、極端で非人間的だとさえいえるだろう。

たとえば、キュニコス派は物欲を捨て去るため、わざわざ新品の服でもボロボロにしてから着たといわれているが、そんなのエピクロスからしたら「別に、普通に着ればいいじゃん（笑）」と言うだけだし、またストア派はどんな小さな快楽でも心を動かされないように禁欲的修行と称して毎日我慢大会をやるわけだが、これもエピクロスからすれば、「無理しないで普通に食べて、普通に寝ればいいじゃん（笑）」と言うだけである。

基本的にエピクロスは、学校の教科書などで**快楽主義者**（または**刹那《せつな》主義者**）というインパクトのあるキーワードで紹介されるため、それだけが頭に残り、一般的には誤解が多い哲学者であるが、実のところ、彼はいわゆる快楽主義とはほど遠い人物であったのだ。

ところで、もう一つエピクロスの有名なキーワードとして「隠れて生きよ」という名言があるが、その言葉は「人里離れたところでひっそり一人で隠れて暮らせ」といった厭世《えんせい》的な思想だと解釈するべきではない。なぜかというと、エピクロスは決して人間嫌いではなく、それどころか「永遠に終わらない究極の快楽、真の快楽とは、友愛（友情）である」と述べているからだ。そんな彼が、他者を避《さ》けて、一人で山奥で暮らせなどと言うはずがないのだ。だから、彼のその言葉は、もっと常識的に「世間的な面倒ごとにあまり関わり合わないように都会を離れて田舎でのんびり暮らそう」ぐらいに捉《とら》えた方がいいだろう。

さて、ではそんなエピクロスは、神についてはどんなふうに考えていたのだろうか。彼は、こんな感じのミモフタモナイことを言っている。

「もし、世間で言われているような万能で全知全能の神様がいるとしたら、いちいち人間なんかを気にかけるだろうか。全知全能な神様が、人間にあれをやってはいけない、あれを食べてはいけない、なんて言うだろうか。というか、そもそも人間の側から、神様はこういう存在です、とこっちから想像したりイメージを押しつけたりすることの方が、よっぽどバチあたりなんじゃないだろうか。だから、人間は神様のことなんか気にかけなくていいと思うよ」

ようするに短くまとめると、「神様はいるかもしれないけど、人間はそんなこと、いちいち気にしなくて大丈夫」という話である。

こうしてみると、紀元前の昔なのに、かなり僕たち現代人が好みそうなクールな考え方をしているように思える。少なくとも、妄信とか狂信とかそういうたぐいのことには、まったく無縁の神様観だ。

もちろん、当時は信心深い時代であったわけだから、こんなエピクロスのぶっちゃけトークは許されるものではなく、多くの人々からの批判が集まった。だが、不思議なことに、エピクロスを批判した人々は、さんざん彼の哲学や信仰の態度を非難しながらも、なぜか必ずといっていいほど「でも、彼はとてもいい人なんだよね」とその人格を褒《ほ》め称《たた》えている。

ここで彼が「真の快楽とは、友愛である」と述べていたことを思い出してほしい。そう、つまりその言葉は、決して口先だけのお題目などではなかったのだ。彼は、他者を気遣い、人を愛し、論敵ですら温かい気持ちにさせる、そういう生き方を実践していたのである。

エピクロスが、どれくらい友愛を大事にしていたかは、彼が最後の死に際、彼の友達に残した手紙を見ればよくわかる。

「腹の病が重くて、その激しさの度は減じない。だが、それにもかかわらず、君とこ

れまでかわした対話の思い出で、僕の心は喜びに満ちあふれているんだ」

国家（祖国）という、およそ当時の人々にとって心の拠《よ》り所である絶対的な価値が崩壊した世界。エピクロスは、そこで他者に「価値」を見いだし、その他者とともに楽しく生きた思い出さえあれば、死ぬことの痛みにすら耐えられるのだということを身をもって示した。そして、人間の自然な欲望を肯定し、人生を楽しみながら生きた彼は、友人たちに囲まれて幸福のうちに息をひきとったのである。

Philosopher

20

人類に愛を注ぐ神の子

イエス・キリスト

得意技

復活

紀元前４年頃～紀元後30年頃
出身地：パレスチナ
ナポレオン曰く「キリストは愛によってひとりで天国を建設したが、今日までキリストのために何万人という人々が死んだことか！」

汝《なんじ》の隣人を愛せよ
イエス・キリスト

信者数二十億を超えるといわれる世界一の巨大宗教、**キリスト教**。

だが、実は、その宗教組織が立ち上がったときには今でいうところの「怪しげな新興宗教」の一つにすぎなかった。それがイエスの信者たちの熱心な布教活動により、今のような世界宗教にまでなりおおせたのである。では、多くの信者を魅了した教祖イエスとは、いったいどんな人物だったのだろうか？

ちょっとその話をする前に、まずはキリスト教のもととなった**ユダヤ教**について理解しておこう。

ユダヤ教とは、その名のとおり「ユダヤという民族がつくった宗教」であるが、他の宗教と異なり特徴的なのは、複数の神様ではなく、この世界を創造した全知全能の「ただ一人の神様」だけを信仰対象としていることである。つまり、**唯一神信仰**だ。

そして、そのユダヤ教を信じるユダヤ人たちは、「唯一絶対の神と契約したのは、我々ユダヤ民族だけなのだから、世界が終わる『終末』のとき、救われるのは選ばれた自分たちだけ！」という選民思想を信じていた。

こう聞くと「ユダヤ教って、排他的で自己中心的な宗教だなあ」と思ってしまうかもしれないが、それはユダヤ人たちの歴史を知ると、少しは納得できるかもしれない。というのは、ユダヤ人たちは、そういう自己中心的な宗教を生み出さなければ、生きていけないほど不幸な歴史を歩んできたからだ。

そもそも彼らの不幸の歴史は、紀元前一五世紀頃という気が遠くなるほどの昔に始まる。

それまでヘブライと呼ばれる地で平和に暮らしていたユダヤ人たちは、ある日、突然やってきた古代エジプトの軍隊に連れ去られ、約二〇〇〇年もの間、「奴隷専用民族」として、惨《みじ》めな生活を強《し》いられるという理不尽な悲劇に見舞われてしまう。その後、モーゼが中心となって、六〇万人ものユダヤ人がエジプトからの逃亡に成功するが、行き先のない彼らはそれから四〇年近くも荒野をさまよい、追っ手に怯《おび》えながらの悲惨な放浪生活を送ることとなる。

その放浪生活の中で、彼らは、現在のユダヤ教である「唯一神信仰」に目覚める。彼らは「神が与えたルール（私以外の神を信じてはならないなどの規則）」に従い、それを守りさえすれば、神様が自分たちを救ってくれる、という独自の宗教をつくり出し、それを強烈に信じ込むようになったのである。

その宗教を支えに荒野を生き抜いた彼らは、やっとパレスチナという「神が与えた約束の地」に辿り着く。そして、そこに古代イスラエル王国を建国するのだ。

だが、それもつかの間。王国は「北のイスラエル王国」と「南のユダ王国」に分裂し、北はアッシリアに、南は新バビロニアに滅ぼされてしまう。こうして、国を失ったユダヤ人たちは、再び奴隷として連れ去られてしまうのであった。

以上までが、彼らの歴史であるが、ようするに、簡単に言うと「連れ去られる↓奴隷→なんとか逃げ出す→悲惨な逃亡生活→やっと自分たちの国家をつくったよ→滅亡→また奴隷」という歴史である。

その後、ユダヤ人たちは、国なしの民族として他国に入り込み、そこの国の人がやらないような「不浄の仕事」をするなどして、なんとか生き延びていくわけだが、そんな彼らにとって、ユダヤ教の教えはどれだけ救いだったことか。

彼らは、自分たち民族の不幸をこう解釈した。

「これは神の試練なのだ。がんばって耐えて、神を信仰し続ければ、きっと救世主がやってきて、おれたちを救ってくれる」

その思いを支えに、彼らは先祖伝来の口伝《くでん》で伝えられてきた「神が決めたとされる**律法**（何を食べてはいけないとかそういう生活規則）」を守り続け、苦難の歴史を歯を食いしばって耐え忍んできた。

救世主イエス

そして、ついに、彼らの願いが天に届くときがやってきた！　救世主と名乗る人物、**イエス・キリスト**が現れたのである！

だが……、このイエスという人物……。実は、ユダヤの人々にとって、まったく想定外の救世主であった。

そもそも、彼らは、神がつかわす救世主とは、「高いカリスマ性を持つ宗教的指導者」か「天才的な軍事指導者」だろうと思っていた。そういうものすごい偉大な人物が現れて、我が民族をまとめあげ、今まで自分たちをないがしろにしてきた異民族、敵国の人間を追い出してくれる、そして、今度こそ、ホントウのユダヤの国をつくってくれると思っていたのだ。

だが、やってきた救世主イエスは、全然そんな空気を読まずにこんなことを言った。

「汝《なんじ》の隣人を愛せよ」

うんうん、それはとてもビューティフルな言葉だ。文句のつけようもなく素晴らしいことのように思える。

だが！　今は、そんな心優しい救世主など誰も求めてはいないのだ！　ユダヤ人たちは、「邪魔するやつらは指先ひとつでダウンさ」的な、そっちの救世主が欲しかったのである！

それなのに彼は、まったくその空気を読まずこんなことまで言いだし始めた。

「汝の敵を愛せよ」

なんと彼は、敵を追い出すどころか、敵を愛せよと言うのである。本当ならば、ユダヤ人たちは、自分たちを殴った憎い敵を神の名のもとに殴り返してほしかった。奪われた上着を取り戻してほしかったのだ。

だが、やってきた救世主は、こう言うのである。

「右の頬を打たれたら、左の頬を差し出せ」

「上着を奪うものには、下着も与えよ」

救世主イエスは、彼らの望むものをいっさい与えようとしなかった。

また、さらにイエスは、決して無条件にユダヤ人の味方というわけでもなかった。

こんなエピソードがある。ある人が怪我をして困っているとき、ユダヤ人の祭司は、彼を助けずに通り過ぎてしまう。祭司には「死体や血に触れてはならない」という禁忌（タブー）があったからだ。だから、ユダヤ人の祭司は、神が決めたとされる律法（ルール）を守るため、怪我人を助けずに放っておいたのである。さて、そこへユダヤ人ではない異民族の人――正確には、ユダヤ人だが異民族の血が混じっていて人種差別を受けていたサマリア人――がやってきて、その怪我人を助けたとする。さぁ、どちらが善い人だろうか？

イエスは「後者の異民族の方が善い人だよね」とあっさり答えた。

とても素朴で当たり前の回答に思えるかもしれないが、よくよく考えてみてほしい。世の中なんて見渡してみれば排他的な宗教でいっぱいで、信者たちは、「自分たちの宗教を信じていない人たちなんかどうなったってかまわない、むしろ、殺してあげた方が彼らのためだ」ぐらいの勢いで、血なまぐさい戦争を繰り返している。あなたは、そんな人たちが大勢いる前で、同じことが言えるだろうか？

だが、イエスは、恐れることなく、素《す》で「いやいや、神様が決めた律法だかなんだか知らないけど、どう考えたって、異民族の人の方が善いこととしてるでしょ。神様だって、そっちを救うに決まってるじゃん」と言ったのである。

しかし、当然、こういったイエスの言動は、「ユダヤの救世主」を待ち望む人々に大きな失望を与え、激しい怒りを買うことになった。結局、イエスは反社会的活動を行う偽物の救世主として捕らえられることになる。

イエスを捕まえたユダヤ人たちは、彼を素っ裸にして十字架にはりつけ、石をぶつけながら「ほらほら、救世主なんでしょ。神様に頼んで助けてもらいなよ（笑）」とさんざんあざ笑ったあと、槍《やり》で彼の身体を突き刺し、殺したのである。

それを見た彼の弟子たちは、強く嘆《なげ》き悲しんだ。

「どうしてこんなことに！　こんな無慈悲なことがあっていいのか！　なぜあんなに優しくて、正しいことを言っていた人が、こうまで無残に殺されなければならないんだ！」

だって、彼は、これから殺されようというのに、自分に石をぶつけ、槍で突き刺してくる人々に向かって、「どうか、彼らを許してあげてください」と神に嘆願までしていたのだ。そんな優しい人がなぜこんな目にあうのだろうか。

「いや違う！　イエス様は死んでいない！　きっと神の力で、復活して生き返っているんだ！」

そう強く信じた彼の弟子たちは、そのことを各地で伝えてまわり、「イエスはホントウの救世主（キリスト）だった」とあがめる宗教――キリスト教を広める活動を始めた。

もちろん、死刑にされた人間が生き返ったという話を聞いて、バカにして笑った人たちも多かったが、それで彼らがめげることはなかった。だって、あの優しい人は、石をぶつけられ、あざ笑われながら、槍で刺されても、「他者を愛する」ということを貫いたのだ。それに比べたら……、こんなものなんでもない、なんでもないのだ！　だから、彼らは、涙ながらに声をからして叫んだ。きっと、その情熱的な布教活動に、心を動かされたものたちもいたに違いない。

実際のところ、多くの国の伝統的な宗教や教義が、もはや古臭くなっており、たとえば、豆を食べちゃいけないとか、そんなわけのわからない生活規則を押しつけるものばかりであった。そんな中で、「隣人を愛そう。敵でも愛そう。ただただ他者に優しくし、人間は、自分たちを創造してくれた神の愛を信じて生きよう」というシンプルな、そして、どんな民族でも共感できる教えに真実の響きを見た人々も多かった。

こうして、民族の枠を越えてどんどん信者を増やしていったキリスト教は、いったんは、危険な宗教として弾圧されつつも、四世紀頃、ローマ帝国の国教となり、確固たる地位を築くことに成功する。そして、現在のキリスト教のような世界宗教へと発展していくのである。

Philosopher 21

現代キリスト教の立役者 アウグスティヌス

得意技 懺悔

354年～430年
出身地：アルジェリア　主著：『告白』
18歳で、同棲中の女性との間に子供をもうけるなど、若い頃は放蕩生活を送る。32歳で回心したあとは、修道院生活に入り、42歳で司教に。

人間は神の恩《おん》寵《ちょう》なくしては救われない

アウグスティヌス

「死刑で殺されたイエスは、実は生き返っていた！　彼こそホントウの救世主だったのだ！」と主張し、三〇〇年頃まではカルト宗教として禁止されていたキリスト教であったが、信者のコンスタンティヌスがローマ帝国の皇帝となったことで一発大逆転！　ローマ帝国での布教が正式に認められることとなる。そして、三九二年、ローマ帝国はキリスト教を国教とし、それ以外の宗教を禁止することを決定。こうしてキリスト教は、世界随一の大帝国で確固たる基盤を築くことに成功したのである。

「やったー、さぁこれから信者をバリバリ獲得するぞ！」

といきたいところだが、そうはいかない。何事も成功したら成功したで、今までにない新しい問題が持ち上がってくるものだ。それは内部分裂である。

それまで権力者たちから迫害、弾圧されてきたキリスト教であったが、そのときには「辛いけど、みんなで一致団結してがんばろうよ！」とひとつにまとまっていた。だが、いまや権力者から公認され、むしろ権力をふるう側になってしまった。そうするとよくある話、一転して、固い団結が崩壊。外敵がいなくなった途端に、内部の人間たちで、「俺の聖書解釈こそが正しい！」「いやいや、オレが一番、イエス様を正しく理解しているんだってば！」と派閥争いを始めるようになってしまったのである。

せっかく、国家権力からお墨付きをもらって、さぁこれからだ、というときに内輪もめしていては仕方がない。キリスト教組織は、早いところ、すべての派閥を統一し、教義をひとつにまとめあげなければならなかった。

「誰の教義が正しくて、誰の教義が異端であるか！」

それをはっきりと決めるべく、教会組織内部で、神学論争——すなわち、史上最大の神学議論バトルが始まったのである。

そして、この激しい議論バトルで見事勝利をおさめ、キリスト教組織をひとつにまとめあげる教義をつくった人物が、**キリスト教最大の教父**と呼ばれる**アウグスティヌス**（三五四年―四三〇年）である。

アウグスティヌスは、ドナティスト派やペラギウス派など、当時、広く支持されていたさまざまな宗派の司祭たちと激しく論争を繰り広げた。そして、彼らを徹底的に論破。彼らの教義を異端としてキリスト教から排除することに成功したのである。

と、こんな感じで、キリスト教の「教義統一」という偉業を成し遂げたアウグスティヌスであったが、実のところ、彼は決して生まれながらの敬虔《けいけん》なキリスト教信者ではなかった。彼は、三二歳でキリスト教に入った**回心者**《かいしん》にすぎなかったのである。

それまで彼が、何をしていたかというと、マニ教や新プラトン主義など、あっちにふらふら、こっちにふらふらと、他の宗教や哲学思想を渡り歩いていたのだ。彼は、ホントウの宗教を求めてさまよい続け、最後にキリスト教にやってきたのである。

だが、そのさまざまな宗教・哲学の遍歴が、彼にとって大きなプラスとなっていた。なぜなら、他の宗教や哲学を知ることで、キリスト教を客観的な立場で眺めることができたからだ。

たとえば、キリスト教の神は、唯一絶対の創造神であるが、「では、なぜ神は悪をつくったのだろうか?」という問題を考えてみてほしい。

アウグスティヌスが、昔入信していたマニ教では、この世界には「善の神」と「悪の神」がいることになっていたから、悪が存在することは全然問題なかった。悪が存在するのは、悪の神のせいにすればいいからだ。

だが、キリスト教では神は一人しかいないのだからそうはいかない。神が一人で世界をすべてつくったのだから、世の中の悪も神がつくり出したということになる。つまり、「神こそが諸悪の根源!」というとんでもない結論が導かれてしまうのだ。

アウグスティヌスは、この問題について自ら考え抜き、こんな結論を出した。


「いやいや、唯一絶対の神は、やはり完璧な善の存在である。人間には悪が存在するように見えるが、実は、その悪とは、ただ善の不在にすぎない。闇が、ただ光の不在であり、闇という確固たるものが存在するわけではないのと同様に、悪も確固たる実体として存在するわけではない。だから、神が、悪と呼ばれる何かをつくり出したというわけではないのだ」

「しかし、神は人間を愛するあまり、人間に自由意志を与えたもうた。だが、それゆ

えに人間は神の意図から外れる行動を、すなわち、悪をなすようになった。これこそが、人間が生まれながら背負っている原罪なのである」

と、こんなふうに、アウグスティヌスは考えたといわれるが、随所に古代の哲学者たちの片鱗《へんりん》が見える。「神は絶対的な究極の善として存在するが、人間には不完全な善しか見えない＝悪があるように見える」という発想の元ネタは明らかにプラトンだし、「闇とは光の不在にすぎず、闇というものが存在するわけじゃない」という発想は、さらに古代のヘラクレイトスが述べたことである。

このアウグスティヌスの説明を、現代人の僕たちが納得できるかどうかはひとまず置いておこう。ここで重要なのは、アウグスティヌスは、自らキリスト教（唯一神信仰）の教義の問題点、すなわち、「ツッコミどころ」を自分で見つけることができる冷静さと、その言い訳を考えつくだけの知識を持ち合わせていたということだ。これは、彼の人生経験のたまものであろう。

また、彼は若い頃から、弁論術を学んでおり、誰と論争しても勝てるだけの素養もあった。

これらの点を踏まえれば、彼が、さまざまな宗派の司祭たちをバッタバッタと論破できたのも、うなずける話であろう。つまり、彼は当時において最強の論客であったのだ。

だが、彼は、決してクチがうまいだけの議論屋ではなかったのだろう。というより、三〇歳を過ぎて途中から教会組織に入った人間が、ただ議論が上手なだけで「キリスト教最大の教父」と呼ばれる地位にまで登りつめることができたとは到底思えない。

また何より、アウグスティヌスの論争相手は学者ではなく、宗教家の司祭たちだったのだ。必ずしも議論のうまさだけで、彼らをやりこめることができたとは思えない。実際、議論相手の中には、「常人なら耐えられないような苦行をみんなの前でやってみせる」というパフォーマンスで支持を集めている司祭だっていたからだ。そんな司祭から「理屈でごちゃごちゃ言うまえに、さぁ同じ苦行をやってみせろ！　真の信仰があれば、どんな苦しみでも耐えられるはずだ！」と詰め寄られたら、たまったものではない。

懺悔《ざんげ》的教義

そんなひと癖《くせ》もふた癖もある司祭たち相手にどうやって彼は、議論で打ち勝つことができたのだろうか？　やはりそこには理屈を超えた、彼自身の人間的な魅力や人徳もあったに違いない。

少なくとも彼の人間性について、はっきりしているのは、彼は、とても「正直な人間」であったということだ。彼は、聖職者という立場でありながら、『告白』というタイトルの自伝で、自分の過去の罪を赤裸々《せきらら》に書き綴《つづ》っている。もっとも罪といっても、それほど大きなものではない。「性的欲望が抑えきれず、下劣な情欲に燃え上がった」とか、そういうことを書いているぐらいにすぎない。

ちなみに、人民主権を叫んだルソーも、このアウグスティヌスにならって同じタイトルの自伝を出版し、そこで自分の倒錯した性癖を告白している。まぁ、ルソーはともかくとして、アウグスティヌスの場合は、聖職者という立場であったわけだから、彼の告白は、当時において、とても衝撃的なことだっただろう。

彼は、こんな言葉を残している。

「神よ！　私に性的禁欲ができる自制心をお与えください！　でも、もうちょっとあとで！」

そんな彼が一貫して述べていたことは、「人間は、生まれながら罪深い業《ごう》（原罪）を背負った存在であり、神の恩寵《おんちょう》なくしては救われない」というものであった。つまり、「人間は自力では救われない。神の力が必要である」という考え方だ。

一方、当時、アウグスティヌスと敵対していた派閥の司祭たちは、こんなふうに考えていた。

「人間は、禁欲により、神に近づける。人間は、努力によってのみ、救われるのだ」

つまり、「人間は自力で救われる。神の助けは不要」という考え方である。

たとえば、アウグスティヌスと論争したペラギウスは、「神は人間の本性を『善』として創造したのだから、人間は自らの自由意志で善行を行い、清く正しく生きることができるはずである。だから、その『善』の本性に従った生き方を実践することで、魂が救われるのだ」という説を唱え、広く支持者を集めていた。

自力救済。自分を律して清く正しく生きる。それはたしかに立派な態度であろう。実際、そう述べるペラギウス自身は、とても道徳的で素晴らしい人間であったといわれている。おそらく、どう見ても陰で下劣な情欲に耽《ふけ》ったりするようなタイプの人間には見えなかっただろう。そんな清く正しい完全無欠のペラギウスは、厳格な表情で、みんなに向かってこう言うのである。

「君たちも努力しなさい！　罪を犯さず、正しく生きなさい！」

だが、アウグスティヌスはそんなペラギウスにこう反論する。

「無理無理無理！　そんなことできるわけないじゃん！　だって、我慢できないもん！（涙）」

アウグスティヌスはとても正直だった。彼は、自伝で、「性欲、我慢できねええええ！　下劣な情欲に燃え上がってましたああ！」的なことを告白してしまうぐらい正直だった。自分の心の弱さをしっかりと認め、正直に告白することができる彼は、人間はそんな強い存在ではないことをよくわかっていた。アウグスティヌスにとって、人間とは「自由意志と欲望を持ち、それを自制することができない、か弱い存在」であったのだ。だから、みんながみんな、ペラギウスのような禁欲的努力を実践できるわけじゃないし、そういう苦行による自力救済の道では、普通の一般の人たちは救われないと彼は考えたのである。

そして、だからこそアウグスティヌスは、他の司祭たちのように、禁欲を成し遂げた偉大な人間としてではなく、ついうっかり欲望に負けて罪を犯してしまう同じ弱い人間として、みんなと同じ目線で語りかけたのである。そんな彼の言葉は、潔癖で完璧な振る舞いで禁欲的努力を押しつけてくる他の司祭たちの言葉なんかより、よほどみんなの胸にガツンと響いたに違いない。

「人間は、欲望を自制できない、か弱い存在です。そんな罪深い人間は、ただ神の前にひれ伏すしかありません。ああ、私たちは、自ら罪深い存在であることを認め、神にすべてを『告白』して許しを請《こ》い、神の慈悲によって救われるよう、祈りましょう」

アウグスティヌスは、こうした**懺悔的教義**を打ち出し、「努力による自力救済」を否定したうえで、キリスト教をひとつにまとめあげるのに成功する。その結果、キリスト教は、誰もが実践可能な「大衆（みんな）の宗教」となり、世界宗教として発展を遂げていくのであった。

Philosopher 22

トマス・アクィナス

哲学と宗教を統合させた神学者

得意技 スコラ哲学

1225年頃〜1274年

出身地：イタリア　主著：『神学大全』

死の前年、ミサの途中で神秘的出来事を体験したのをきっかけに著述活動を放棄。生涯をかけた大著『神学大全』は未完に終わる。

神学と哲学、正しいのはどっち か？

トマス・アクィナス

アウグスティヌスのおかげで、キリスト教の教義は固まり、教会組織にとって安定した平穏な時代がしばらく続いた。だが、一二世紀を過ぎた頃、彼らの信仰を揺るがすような大事件が起こる。古代ギリシアのアリストテレスの著作が、ラテン語に翻訳され、西洋のキリスト教圏に入ってきたのである。

アリストテレスといえば、「万学の祖」。さまざまな自然現象をつぶさに観察し、その特徴を整理して体系的に理解するという学問を始めた、人類史が誇る最強の知的巨人である。

たとえば、彼の成果の一つに**論理学**があるが、もともと、アリストテレス以前、「論理」はまだ明文化されておらず、知識人たちの間でなんとなく知られている程度のものにすぎなかった。だが、そこへアリストテレスがやってきて、「どんな文章が論理的といえるのか」「論理的規則にはどのようなものがあるのか」をきちんと整理して、あっという間に学問として体系化してしまったのである。

ちなみに、現代でもよく知られている三段論法も、アリストテレスによって整備された論理の一つだ。

こういった「論理」がいかに強力なものであるかは、いまさら語るまでもないだろう。そもそも、

現在も使われる三段論法

論理とは、僕たち人間の「思考（理性）の形式そのもの」といえるものである。だからこそ、論理という規則に従ったことについては、誰もが正しいと認めざるをえない。実際の話、「ソクラテスは人間で、すべての人間は必ず死ぬ」という前提が「真」だと仮定した場合、僕たちは、「ソクラテスは必ず死ぬ」という結論を導かざるをえないだろう。つまるところ、論理とは、時代や場所によらず、「誰もがそう考えざるをえない」という普遍《ふへん》的な人類共通のルールであり、だからこそ、みんなが同じ論理を共有することができるのだ。

そんな「人間の理性の形式」である論理を、古代の昔に学問としてまとめようと思いついただけでも十分にすごいが、その論理学ですら、彼の成果のほんの一部にすぎないのである。

それほどの知的巨人、アリストテレス。その彼が残した膨大な哲学体系が、突然、宗教万歳の文化圏になだれこんできたのである。それは、まさに信仰の世界に突如やってきた理性という名の「黒船」であった。

とはいえ、つまるところは、素晴らしい知識が外からやってきたという話なのだから、素直に、みんなで拍手喝采《かっさい》して喜べばいいだけだろう。いやいや、そうはいかない事情があった。アリストテレスの哲学体系には、とても困った問題が含まれていたのだ。

神学VS哲学

それは「キリスト教の教義と矛盾する」という致命的な問題であった。

そもそも、アリストテレスの哲学体系とは、キリスト教成立以前につくられたものである。だから、アリストテレスが、キリスト教に気をつかって、それと矛盾しないように哲学体系をつくっているはずもない。したがって、彼の哲学にキリスト教の教義と整合しない内容があっても、むしろ当然のことだといえるだろう。

もちろん、教義と矛盾するアリストテレスの記述が見つかっても、「そんなの、ただの古代人の妄想だよ」と言って片づければいいだけの話かもしれない。実際、今までもキリスト教の教会組織は、教義や聖書と矛盾する考え方は、すべて異端として退《しりぞ》けてきたのだ。

だが、アリストテレスの哲学は、そうはいかなかった。先の論理学ひとつとってみてもわかるとおり、彼の哲学は、誰もがうなずいてしまうような、説得力のある理路整然としたものであったからだ。そのため、当時の西洋の知識人たちは、もうすっかりアリストテレスに夢中になっていたのである。

さぁ、困ったことになった。「キリスト教の神学」と「アリストテレスの哲学」、互いに矛盾するということは、少なくともどっちかが「嘘つきのヨタ話」ということになってしまう。すなわち、二者択一。どっちかを「間違ってます」といって、捨て去らなくてはならない。こうして、**神学VS哲学**という議論バトルが、中世時代の西洋で勃発したのである。

「まぁまぁ、そういきり立たず、ちょっと落ち着きましょうよ。まずは両者が仲良くできるかどうかを試してみようじゃありませんか」

と、こんなふうになんとか両方のツジツマを合わせようと、がんばった人たちもいた。彼らは**ラテン・アヴェロエス主義**と呼ばれ、神学と哲学を融合させた、新しい学問体系をつくることを目指した人々である。

だが、この試みは、当然のごとく破綻《はたん》する。アリストテレスの哲学に従って、理性的に考えていくと、どうしてもキリスト教の教義とは違う結論が出てきてしまうのだ。たとえば、「神様は個人なんか救済しませんよ」とか「最後の審判なんか起こりませんよ」とか、キリスト教にとって壊滅的な結論が導き出されてしまったのである。

結局、神学と哲学の融合物であるラテン・アヴェロエス主義は、異端として闇に葬《ほうむ》られることになる。

まぁそれは仕方がないだろう。そもそも「信仰と理性の融合」なんて、水と油を混ぜるようなものであり、そんなもの最初からうまくいくはずがなかったのだ。どうもやはり、宗教と哲学はあんまりウマが合わないようである。

いやいや、ウマが合わないなんて生易しいものではなかった。それどころか、とうとう哲学は、キリスト教がいう「全知全能の神様」の存在まで否定し始めたのである。

以下は、アリストテレス研究の第一人者であるアヴェロエスが取り組んだとされる「全能のパラドックス」と呼ばれる命題である。

「全能の神は、自ら全能であることをやめて、全能ではない存在になることができるか？」

これはようするに、「神が自分自身を全能でなくすることができないなら、神は全能じゃないことになるし、もし全能じゃなくすることができるなら、その時点でやはり全能ではない存在となってしまう」というパラドックスである。つまり、全能なんてそもそもありえないよという話だ。

これと似たものとして、「全能の神は『重すぎて絶対に持ち上げることができない石』をつくることができるか？」というパラドックスもあるが、こちらの方がわかりやすいかもしれない。つまり、そういう石をつくれないなら全能ではないし、つくれるならその石を持ち上げられないのでやはり全能ではないということになる。これもすなわち、全能なんてありえない、という話だ。

つまり、哲学は、こういったパラドックスを持ってきて「キリスト教徒が信じている全知全能の神様なんか存在しないんだよ」と論理的に主張することだって可能なのである。


「神様なんてホントウにいるの？」

「ユダヤ人が困っていても救いにこなかったじゃない？」

「仮に神様がいるとしてもさ、教会組織がその神様のご意志を代弁しているという証拠はあるの？」


結局、哲学によって理性を働かせれば働かせるほど、さまざまな懐疑《かいぎ》があふれでてくる。このまま、哲学の影響力が増大していけば、信仰の崩壊すら招きかねない。

そこで、「いやいや、哲学さん、もうそんな細かいこと言わないで、神学も哲学もどっちも正しいってことでいいじゃないですか」と考える人たちも出てきた。これは「宗教的真理と哲学的真理は別のものなのだ」ということで、**二重真理説**と呼ばれる考え方である。ようするに、「神学の真理と、哲学の真理は、別の領域ということで、お互い喧嘩《けんか》しないでいきましょうよ」という妥協案が出てきたのだ。

だが、そこにやってきたのが、**トマス・アクィナス**（一二二五年頃―一二七四年）である。彼は、そんな妥協を決して許しはしなかった。

だって、悔《くや》しいではないか。神学も哲学もどっちも正しいよ、という「二重真理説」なんて、明らかに神学側の敗北である。神学は、哲学に論破され、ぐぅの音も出なかった。だから、頭を下げて、どうか勘弁してください、と神学側から妥協して、和平を求めたのだ。そんな神学の負けを、トマス・アクィナスは認めようとはしなかった。

なんとかして、突然やってきて偉そうにしている哲学に一矢《いっし》報《むく》いなくてはならない。そうでなければ、西洋が一〇〇〇年近くもやってきた中世という信仰の歴史は何だったというのか！

そんな情熱を持って、哲学に戦いを挑んだトマス・アクィナスとはどんな人物だったのか？

「信仰の世界」の領域

トマス・アクィナスは、もともと貴族の名家の出身であり、将来は大修道院の院長になることが期待された、いわゆるお坊ちゃまのエリート神学者であった。だが、彼は、一八歳のとき、ドミニコ会という「清貧と童貞」を戒律とする厳しい修道院に進むことを決意してしまう。それまで、親の期待どおりに生きてきたトマスの突然の変貌に、両親は激怒。そんなことは絶対に許さないと、彼が心変わりするまで部屋に閉じ込めて監禁するという強硬手段に訴えた。だが、それでもトマスは説得に応じようとはしなかった。そこで両親は、とんでもない奇策、悪魔的奇手にうってでる。

なんと彼の部屋に「裸の美少女」を送り込んだのである。

なるほど、ドミニコ会に入るには童貞が条件なのだから、息子を童貞じゃなくすればいいのだ。きたない、さすが貴族きたない。だが、たしかに確実で有効な手段である。

突然の「裸の美少女」の訪問。トマス・アクィナスは、びっくりし、さしもの彼もその誘惑に負けそうになったといわれるが、最終的には彼女を追い出し、自らの信仰を守ったのである。

そう。それほどの強い意志、そして、「裸の美少女」を拒絶できるほどの強い信念を持って、トマス・アクィナスは、信仰の道に進んだのだ。そんな彼が、妥協など認めるはずがない！

トマス・アクィナスは、徹底して妥協を排除して、「神学」と「哲学」を調和させようと一生懸命考えた。いや、調和というより、むしろ、「神学」を「哲学」の上に置こうと、がんばったのである。その戦略は、なかなかに巧妙であった。

そもそも哲学（理性）は、論理的な手続きで、神の地位を脅《おびや》かそうとしたが、彼は、むしろその論理的な手続きを逆手にとって、逆に哲学（理性）の地位を脅かす、という手段に出たのである。

たとえば、理性的に考えれば、どんなものにも原因があると考えるのが当然である。だから、理性的に考えれば、この世界は、さまざまな自然現象にあふれているが、それらはすべて何かの原因から生じているということになる。もしボールが転がっているとしたら、そのボールを転がした原因が必ずあるはずである。そして、そのボールを動かした原因にも、当然、原因があるだろう。

　ここで、トマス・アクィナスはこう問いかける。


「では、一番、最初の最初の原因って、いったい何だろうか？」


　現代なら、ビッグバンがそれだ、と言うかもしれないが、それだって「じゃあ、ビッグバンの原因は何？」という話になる。だから、実際のところ、ビッグバンは質問の回答になっていないのだ。結局のところ、最初の原因を突き止めることは、論理的に考えても不可能である。だって、「これが最初の原因だ！」と誰かが見つけ出しても、「じゃあ、その原因の原因って何？」という話になってしまい、無限に原因の問いかけが続くからだ。

　そして、「その原因って何？」って、四六時中、毎日延々と問いかけられ続けたら、最後にはうんざりして、もうこう言うしかないだろう。

「うるさいな！　わかったよ！　神様がやったんだよ！」

　つまるところ、「原因と結果という関係を超越した何か」を想定しないことには、この問題は決して解《と》くことができない。結局、「理性」的に考えていくことで理性を

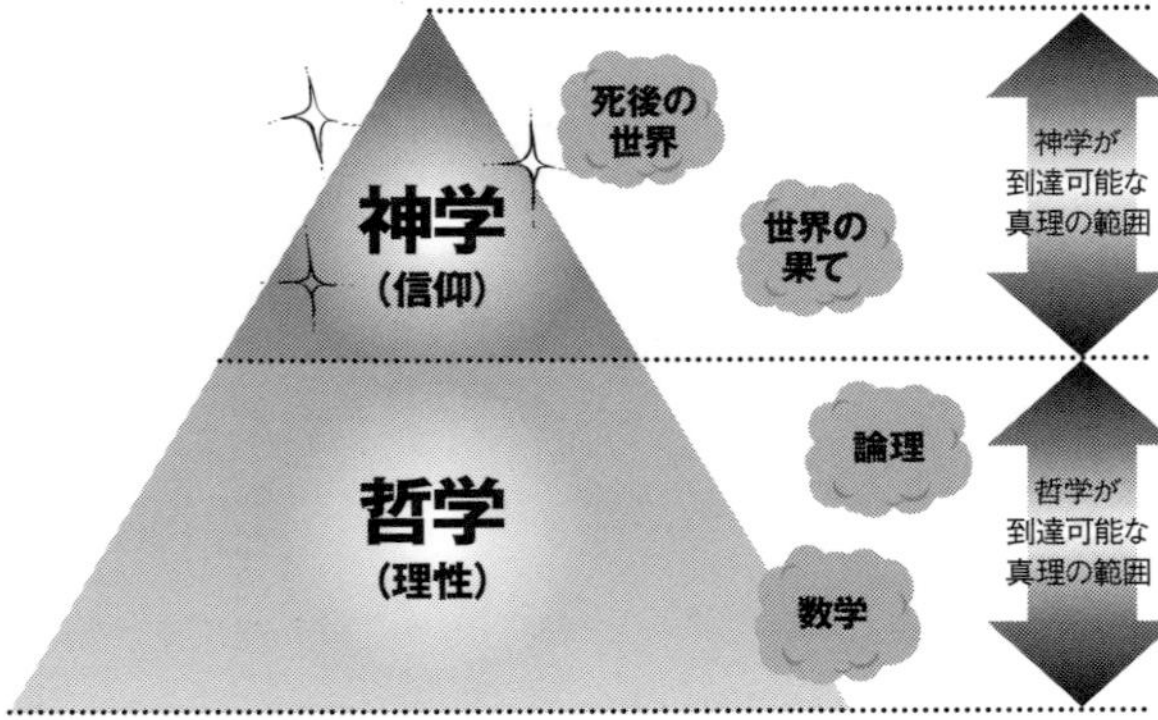

哲学と神学では真理のレベルが違う

超えた存在——神の存在が導かれてしまうのである。

トマス・アクィナスは、これと同様の理屈をいくつも考えて、理性では「絶対に到達できない領域」があることをはっきりさせた。すなわち、「理性が知ることができる真理」には一定の限界があるのである。

そのうえで、彼はこうも述べている。

「理性の範囲外にある真理については、神学でしか回答を出すことができない。それは神の啓示からでしか知ることができないのだ」

理性では計り知れない階層（レベル）の問題については、もはや信仰でしか辿り着くことができない。つまり、彼は、神学と哲学の真理は対立するのではなく「レベルが違う」という考え方をしたのである。

ようするに、トマス・アクィナスは、宗教が支配する西洋世界に突然やってきた哲学（理性）に対して、「いやいや、理性でも解けない問題があるじゃないか。それこそが信仰の世界の問題なのだ」とすることで、信仰の世界の領域を守ったのだ。こんなふうにして、どんどん理性が強くなっていく時代に、彼は、神に対する信仰の領域を堅持し、哲学という強者に一矢報いることに成功したのである。

Philosopher

23

ニーチェ

神を殺した狂気の超人

得意技

超人思想

1844年〜1900年　出身地：ドイツ
主著：『ツァラトゥストラはかく語りき』
44歳のとき、広場で昏倒し、精神を崩壊させてからは、55歳で亡くなるまで、二度と正気には戻らなかった。ワーグナーと親友だった。

宗教や道徳なんて弱者のルサンチマン

ニーチェ

だが、トマス・アクィナスの健闘むなしく、人間の理性の力は、時代を追うごとに強くなっていった。

だって、信仰したってお腹が膨《ふく》れるわけじゃないし、「人はパンのみで生きるにあらず」と言いながら、なぜか教会の人たちだけは免罪符なるものを売りさばいて、たらふくパンを食べているのだ。はっきり言ってやってられない。信者は、教会から搾取されるための道具ではないのである。

そして、そんな教会組織の世俗化にみんながうんざりした頃、**ルター**（一四八三年―一五四六年）が、聖職者たちを告発。**宗教改革**を起こす。結局、改革は教会組織の内部分裂を生み出し、キリスト教は**カトリック**（昔からの保守派）と**プロテスタント**（ルターの改革派）という二つの派閥に分かれてしまう。その後、両者は激しく対立し、ついには「宗教戦争」と呼ばれる凄惨《せいさん》な戦争へと突入していくのである。

こうして「派閥争い」という醜態を晒《さら》してしまった教会組織の権威は日に日に衰えていくわけだが、でもだからといって、「神様なんか信じねええ！」というような時代にもならなかった。僕たち日本人は「絶対的な神を信仰する」という概念になじみが薄いから、あまりピンと来ないかもしれないが、西洋人たちは、神様万歳の中世時代を一〇〇〇年間もずっとやってきたのだ。彼らの心には、信仰という文化が深く根づいてしまっている。だから、どれだけ神の名のもとに戦争が行われようと、そのせいで、どれだけ人が死に血が流されようと、基本的に彼らは神に対する信仰を忘れたりはしないのである。

だが、そんな西洋世界に、**ニーチェ**（一八四四年―一九〇〇年）という凄《すさ》まじい哲学者がやってきて、彼らに向かって、こんなことを言いだした。

「神は死んだ」

このフレーズがあまりにも強烈なため、頭に残っている人も多いだろう。実際、哲学をまったく知らない人でも、このフレーズぐらいは聞いたことがあるはずだ。

もともとこの言葉は、彼が書いた小説『ツァラトゥストラはかく語りき』での、主人公ツァラトゥストラの台詞《せりふ》の一節である。ニーチェはこの小説の主人公を通して「神の死」を訴えたわけであるが、そもそもニーチェは「神」をどのように捉えていたのだろうか？　彼は、神について、このように述べている。

「神とは、弱者のルサンチマンがつくり出したものにすぎない」

ここで、ルサンチマンとは、「恨み」とか「嫉妬」という意味である。彼は、「神という概念」や「神への信仰」は人間の「崇高な意志」から生まれたのではなく、むしろ「弱者の恨み」という「歪《ゆが》んで捻《ね》じ曲がった負の感情」から生み出されたと考えたのだ。

そして、そのうえでニーチェは、さらにこんなことまで述べている。

「神への信仰（弱者の恨みが生み出した歪んだ負の感情）が、人間本来の生を押し殺してしまっている」

まったくもって、神を信仰している西洋人たちにとっては、絶対に許容しがたい主張である。だが、ニーチェは、これらの主張の正当性を証明するものとして、紀元前の古代にさかのぼり、「善い悪い」の価値観について、その考察を突きつけた。

もともと古代においては、「善いこと」とは、「強いこと」や「力があること」であった。そして、その逆に「悪いこと」とは、「弱いこと」や「力がないこと」であった。つまり、古代において「善い人間とはどんな人か？」と問われたら、「若々しく、健康で、財力があり、闘争にも長《た》けた強い人間だ」と答えたのである。よくよく考えてみれば、それはとても素直で自然な価値観であろう。

ニーチェは、このような「強いことは素晴らしい」という古代的価値観を**騎士的・貴族的価値観**と名づけた。

だが、この価値観が、歴史のある時点において途中から「逆転」したのだとニーチェは主張する。そして、その逆転は、古代ユダヤ人に由来するというのだ。

本章で述べた古代ユダヤ人たちの悲惨な歴史と選民思想を思い出してほしい。彼らは、奴隷として捕らえられたのち、なんとか逃げ出し、その逃避行の最中に「唯一絶対の神」への信仰に目覚める。そして、「その神を信仰すれば、神が、敵対する民族を滅ぼしてくれてユダヤ民族を救ってくれるのだ」という教義をつくり出したのであった。

しかしである。待てど暮らせど、神は、ユダヤ人を救いにやってはこなかった……。その後、どんな悲惨な出来事がユダヤ人に襲いかかろうと、神は、影も形も見せなかったのである。そうすると、彼らの信仰も、形を変えていかざるをえなくなっていく……。

彼らの神に対する態度の変化は、彼らの聖典である『旧約聖書』にもその痕跡を見つけることができる。もともと、『旧約聖書』とは、さまざまな時代の預言者（神からの伝言を預かってみんなに伝える偉い人）たちの言葉を集めた書物のことであるが、時代が古いページでは、「いつか神様がやってきて、ユダヤ民族をいじめる敵を滅ぼしてくれる！　だから、おまえら、それまでは耐えて神を信仰するんだぞ！」と景気のいいことを言っているのに、時代が進むと、なぜか「神の名のもとに、他者のために苦しみを引き受けましょう。他者のために死にましょう」という徹底的な受苦の教えに変質してしまっているのである。

だが、その変質は当然のことだろう。彼らは変質せざるをえない。

たとえば、あるところに、いじめられている子供がいたとする。彼は、いじめられるたびに、「おぼえてろよ！　お父さんがやってきて、おまえらをコテンパンにのしてくれるんだからな！」と叫ぶことで、なんとか自我を保ってきた。だが、その後、どんなにいじめが続いても、来るはずの父親はまったく来なかった。ということは、助けてくれる父なんて、ただの妄想で、最初からいなかったのだろうか……。いや、そんなことはない！　そんなことはあってはならない！

もし、父がいなかったとしたら……、今までの苦しみはなんだったというのか！それではあまりにも惨めすぎる！　彼は、「自分を助けてくれる父親なんかいない」という残酷な事実を絶対に受け入れるわけにはいかなかった。だが、しかし、現実は、地獄の日々である……。

だから、彼は、なんとかして「父がいるという願望」と「苦痛の現実」とを整合させなくてはならなかった。そして、ついに、彼は、キラキラと瞳を輝かせながら、こんなことを言い出すようになるのである。

「僕は、お父さんの愛の名のもとに、すべての苦しみを受け入れます。どうぞ、みなさん僕を殴ってください」

もはや、そこには、父の名を語って、現実的な復讐を望む怒りの顔はなかった。だが、その代わり、彼は違う形で復讐を始める。

「ああ、あなたたちは、なんて暴力的で哀れなのでしょう。ええ、いいですよ。無抵抗で無害で何の罪もない私を好きなだけ殴ってください。それであなたたちの気が晴れるのなら。私は、その間、あなたたちが、醜《みにく》い憎しみの心から逃れられるように祈っています（笑）」

彼は、現実の世界で、憎むべき敵を打ち倒すことを諦《あきら》めた。だって、いつまでたっても、父親はやってこないし、苦痛の現実を変える力もないのだから仕方がない。だから、彼は「暴力はいけない」「憎しみはいけない」といった精神的な価値観を創造し、その価値観の中で敵に勝利するという歪んだやり方で復讐を果たす。

「信仰」や「道徳」の正体

ニーチェは、このような、決して現実世界では勝つことのできない弱者（ユダヤ人）が精神世界での復讐のためにつくり出した新しい価値観を**僧侶的・道徳的価値観**と名づけた。そして、このユダヤ人の「僧侶的・道徳的価値観」は、イエス・キリストによって引き継がれ、ユダヤ教という「現実的な復讐を望む宗教」から飛び出し、キリスト教というまったく新しい宗教を生み出す。その宗教の教祖であるイエス・キリストは、まさにその「僧侶的・道徳的価値観」の申し子であり、その価値観を体現するような人間であった。そして、最終的には、彼はその価値観に殉じて、無抵抗のまま捕らえられ、裸で十字架に磔《はりつけ》にされたあげく槍を突き刺されて殺されてしまう。

まさにその瞬間である！　彼の身体に槍が突き刺さったその瞬間、「かつて善だったものが悪となり、かつて悪だったものが善となる」という価値観の大逆転が起こる。すなわち、ワシやタカなどの強い猛禽《もうきん》類は「悪しき」もの、人畜無害な弱い子羊は「善い」ものとして見なされるような価値の転倒。それが、彼の死後、人類史においてはっきりと目に見える形で現れていくのである。そして、そのキリスト教（新しい価値観）が、さまざまな国家の国教となって西洋世界の支配に成功することで、この逆転した価値観が世界中にどんどん広まっていき、ついには古代の価値観を押しのけ、スタンダードなものとして人類に定着してしまった、そうニーチェは言うのである。

また、ニーチェは、この新しい価値観が「人間の本来の生を押し殺している」とも主張している。なぜなら、本来の自然な価値観とは、「強いことは素晴らしい」という素直でまっとうなものであるからだ。それがいつの間にか、「弱いことは素晴らしい。力はないけど、優しいよ」という価値観にすりかわってしまい、人間たちは、弱者であることを恥じることもなく、他者からどんなに酷《ひど》い仕打ちを受けても、怒らずニコニコと振る舞う人を「善い人間」だと思うようになってしまったのである。だが……、そんな生き方が、人間本来の生であるはずがない！

しかし、この非自然的な価値観は、キリスト教を通じ、一〇〇〇年以上もの時間をかけて、ゆっくりと人類を洗脳していった。そして、いまや自然ではない価値観の方が、常識となっているのである。

実際、僕たちだってそうじゃないだろうか？　たとえば、誰かが、こう言ったとする。

「僕は、金と権力が欲しいです」

どう思うだろう？　世間的な印象としては「なんて嫌らしい人なんだ」と思うのではないだろうか？　意地汚い。おこがましい。欲望まみれの俗的な人。たいていの場合、そういう発言をする人にはそんな印象がついてまわる。

でも、よくよく考えてみてほしい。いったい、この発言のどこに問題があるのだろう？

金と権力。それは明らかに生を充実させる要素である。大望があり、野心があり、一度しかない人生を激しく燃やして生きたいと願うならば、むしろ「金と権力」を求めるべきである。少なくとも「悪い」という発想はありえないはずだ。

実際の話、「金も権力もない人生」と「金も権力もある人生」、どっちかを選べるとしたら、普通に後者を選ぶはずである。でも、後者を目指すと公言すると、途端にみんな嫌な顔をする。

その理由は明白である。ほとんどの人々が、それらを得ることができないからだ。それは、人々のコンプレックスを刺激する。

先に見たように、かつて古代においては、「金と権力を得ること」は善いことであった。そんなことは自然で当たり前のことである。だって、あった方が人生が充実するのだから、当然である。そして、それを得るために、努力すると宣言するのであれば、拍手喝采、素晴らしい、ぜひがんばりたまえ、である。

だが……、どんなにがんばっても「金と権力」を得られない人たち、それを得る自信がない人たちだっている。彼らはどうすればいいのだろう？　彼らは、自分たちの、惨めな敗北者としての人生を受け入れるしかないのであろうか？　いやいや、彼らは、決して負けを認めるわけにはいかない。それはあまりに惨めすぎる。だから、彼らはこう言うのだ。

「金や権力を得たからって、幸せになれるとは限らないじゃないか……。むしろ面倒なことになるからいらないよ……」

「学歴があるからって善い人とは限らないよね」

「一流企業に入ったって、このご時勢だもの、倒産するかもしれないよ」

彼らは、「イソップ童話」でいうところの「取れないブドウをすっぱいと言ったキツネ」と同じである。そのキツネは、ホントウはブドウが欲しくてたまらなかった。実際にブドウが食べられるとしたら間違いなく食べた。しかし、ブドウは食べられない高さのところにあったため、彼は自分の都合で、ブドウの「価値」を落としめる。

「ふん、あのブドウはすっぱいに違いない。ああ、食べなくてよかった」

このキツネが、まっすぐに人生を生きていないことは明らかである。そして、そのうち、同じようなキツネが集まってきて、「ブドウを欲しがらないことは善いことだ！」という道徳や教義を打ち立て始める。彼らは、ずっと心の中で取れないブドウへの「恨み（ルサンチマン）」を抱《いだ》きながら、ブドウを欲しがらない無欲な自分を誇りに思うのだ。そして、もしそこに、がんばって飛び上がり、うまいことブドウを手に入れたキツネを見たら、彼らは「なんて意地汚い」と見下し、「別にブドウだけが人生じゃないのに、あんなに必死になっちゃってさ（笑）。自分なら、そんなものを欲しがったりしないね（笑）」という歪んだ価値観を持ち出して内面的に勝利することで、恨みを晴らし自分をなぐさめるのである。

だが、ニーチェは、こういった歪んだ人生を、ただの欺瞞《ぎまん》にすぎないと断言する。ホントウは、彼らだって、ブドウを得るために、必死になって飛び上がってもよかったのだ。自分の限界を超えて闘ってもよかったのだ。だが、それをしない。失敗が怖いからだ。自信がないからだ。飛び上がって取れないところを他者に見られるのが恥ずかしいからだ。彼らは、惨めな敗北者になることが耐えられない。だから、彼らは、ブドウが欲しいという気持ちから目を背《そむ》け、「無欲は素晴らしい」という価値観にすがりつく。

しかしもちろん、そんなものは、決して自然本来の生ではない。人生には、成し遂げるべきことがある。戦ってでも勝ち取るべきものがある。もし、勝ち取るために高い障害があるとしたら、それを乗り越える力を得るために努力すればいい。敵がいるのならば、敵を打ち倒し、己の意を貫く強さを手に入れればいい。

だが、価値観が転倒した世の中では、「道徳」が「宗教」が「教育」が、無害で無欲で謙虚な人間であることを強制してくる。弱者であることを賛美するかのような綺麗ごとの数々。しかし、それらは、すべて**弱者のルサンチマン（恨み）**にすぎない。だって、その綺麗ごとを言っているやつらだって、もし、手に届くところにそれがあったなら、間違いなく手に入れていたからだ。

彼らは、それを手に入れられない弱者であるからこそ、弱者である状態を惨めに思わないように、弱者であることに価値を見いだす幻想をつくり出しているだけなのである。

こうした、非自然的な幻想。弱者救済システム。それこそが、「信仰」や「道徳」の正体なのだとニーチェは考えたのである。

もちろん、このような背神的、反道徳的な彼の考えが、世間一般に受け入れられるはずもなかった。二四歳で大学教授にまで登りつめた天才ニーチェは、誰にも理解されることなく、大学を飛び出し、哲学者として野にくだる。そして、先に述べたような本を書き始め、最後には発狂して、その人生を終えるのであった。

神が死んだ世界で

信仰、崇拝、懺悔。人間の、神に対する神聖な行為。それを「ただの弱者のルサンチマン（恨み）からくるものにすぎない」と断じたニーチェ。彼はまた、こうも言っている。

「我々人類は、もはや神を信じることができない。人間がよってたかって神を殺してしまったのだ」

なかなかに強烈な発言である。でもまぁ、信仰心の薄い現代日本に生きる僕たちからすれば「そうかもねー」くらいの印象しか持たないかもしれない。いや、それどころか、神を信仰する宗教に対して、こんなイメージを持っている日本人も多いのではないだろうか。

「宗教ってなんかカルトっぽくて危ないし、勧誘とかしつこいし、世界では宗教のせいで戦争が起きているし、新興宗教は凄惨な事件ばかり起こすし」

まったくロクでもない妄信的なアブない集団。宗教に対して、そんなイメージを持っている人にとっては、自然や死者に対する畏敬《いけい》の念こそあれ、キリスト教がいうような「全知全能の神」は、そもそも最初から信仰の対象ではない。その意味では、ニーチェに言われるまでもなく、もうとっくに「神は死んでいる」といえる。

だから、ニーチェの「神は死んだ」という話を聞いても、西洋人とは違って、日本人的にはあまりインパクトがない。どちらかといえば、「あーあー、言っちゃったよ」ぐらいのものであろう。

とすると、ニーチェの哲学は、西洋人のためのものであり、僕たち日本人には、あまり関係がないのだろうか？　いや、そんなことはない。実は、ニーチェの哲学は、むしろ日本人のためのものだといえるのだ。

まずそもそもニーチェがホントウに言いたかったこととは、「信仰なんて弱者のルサンチマン、そして、もはや神は死んだ」なんて単純な話ではない。というより、「神は死んだ」という発言だけなら、哲学者としてそれほど大したものではないだろう。もちろん、その結論にいたるまでの論理の展開について、ニーチェは秀逸《しゅういつ》であった。だが、いわゆる「反宗教」「反道徳」ということであれば、どの時代にでもいたであろう天邪鬼《あまのじゃく》的な人が、同様のことを言っていたはずである。

では、そういった天邪鬼たちと違って、ニーチェが偉かったのはどこか？　それは、彼が「さらにその先」のことを考えていたところである。つまり、彼は「神様なんて、こんなものさ」と単に宗教批判をしたのではなく、「さぁ、もうすぐ、神が死んだ世界、神や道徳が絶対的な価値観とならない時代がやってくるぞ。そんな世界で、人間はどうやって生きていけばいいのか？」と、宗教が崩壊したあとの世界について哲学をしていたのである。

そして、だからこそ、ニーチェの哲学は、まさに僕たち――つまり、神への信仰心が薄く、神という「絶対的な価値観」を持たない、「神が死んだ世界」を生きる日本人――に関係があるといえるのだ。

では、ニーチェは、その神が死んだ世界で、どう生きるべきだと提案したのだろうか？　彼は、その答えとして、**超人思想**という独自の哲学を展開している。

もともと、ニーチェは、「キリスト教をはじめとする宗教的な道徳観念が、人間のまっすぐな欲望を押し殺している」と主張していたわけだが、では逆に言うと、「まっすぐな欲望」とはいったい何だろうか？

ニーチェは、人間本来の根源的なまっすぐな欲望とは**力への意志**であると考えた。ここで「力への意志」とは、簡単に言うと「強くなりてぇ……強くなりてぇんだよ」という思いのことである。

権力、財力、腕力……、結局のところ、形はどうあれ、人間が求めているものは、とどのつまり「力」である。より強く、より速く、より高く……、上へ上へと登りつめようとする人間の果てなき向上心。強くなりたい……。より強大な力が欲しい……。

ニーチェは、そういった強くなりたいという「力への意志」こそが人間本来の素直な欲望であり、それを求めることこそが人生の本質だと考えた。そして、彼は、その「力への意志」の赴くまま、強くなることを目指す者のことを**超人**と呼んだのである。

　ここでニーチェがいう「超人」とは、決して不可思議な力を持つような、いわゆる人間を超越した存在などではない。むしろ、肉体的にも知能的にも、普通の人間となんら変わりはない。超人が普通の人間と違うのは、**「強くなりたいという意志をしっかりと自覚し、それから目を背けない」**という、ただその一点だけである。だが、その小さな違いが、生き方について大きな違いを生み出す。

　たとえば、超人は、ホントウは強くなりたいのに、「強さなんて求めたって意味ないよ」なんて自分をごまかしたりはしない。走りたいと思えば、世界最速を目指すため努力し、学びたいと思えば、世界最高の教育機関に入るため努力し、体を鍛《きた》えたいと思えば、強大な筋肉を得るためジムに通い、己を鍛え続ける。彼は、失敗を恐れて、努力しないことの言い訳を決して言ったりはしない。すべては強くなるため……。どんなものにも揺るがず、どんなものにも負けず、どんな恐るべき敵にも、権力にも決して屈しないツワモノになるため……。どんな障害があろうと、ただひたすら、心にわきあがる「強くなりたい」という「力への意志」に従って、生命を燃やし続けるのだ。

そして、そんな超人たちは、「神という絶対的な価値観」「道徳という模範的な価値観」が失われた世界であっても、堕落することはない。彼らは、自分自身で生きるべき「価値」をつくり出して、生きていく。ニーチェは、既存の価値観が崩壊した「神が死んだ世界」でも、雄々しく生きていける人間像とは、このような超人であると主張したのだ。

でも、そんなふうに言われても、こう言いたい人もいるかもしれない。

「そうなればいいけど……、現実には難しいんじゃないかな……。それに人間はそんなに強い生き物じゃないと思うよ……」

その気持ちはよくわかる。たしかにそうかもしれない。

でも！　でもである！　ならば、逆に問いかけて、「神が死んだ世界」で、ほかにどんな生き方があるというのだろうか？　そして、まさに今「神が死んだ世界」を生きている僕たちの人生は、ホントウに充実したものなのだろうか？

ニーチェは、自らの著作の中で、終末の時代――すべての価値観が崩壊した世界――を生きる**末人**と呼ばれる者たちの姿を描写している。末人とは、何も目指さずに生きている人間のことである。彼らは、ただ健康とよき眠りだけを求め、穏便に人生が終わることを願って、なんとなく生きていくだけの存在である。ニーチェは、近い将来、「神が死んだ世界」が訪れ、このような末人たちが現れるだろうと一〇〇年以上も前に予言しているわけだが、この末人の生き方は、まさに現代の僕たちに当てはまらないだろうか。

僕たちは、何かやりたいことがあるわけでもないが、とりあえず生活はしなくてはいけないから、何でもいいからとにかく仕事を探して働く。一日を二四時間として、労働時間は八時間、いや、通勤や休憩の時間も入れれば、一〇時間ぐらいになるだろうか。一日のうち、それだけの時間を「別にやりたくもないこと」に費やしていることになる。いやいや、それどころか、睡眠時間や風呂、食事、掃除などの生活時間も差し引けば、二四時間のうち、自分の自由にできる時間なんて、おそらくほんの数時間だけであろう。人生という一度しかない貴重な時間の、ほんの一〇分の一程度しか自由に使えないのだ。だが、そこに残った貴重なわずかな時間ですら、テレビ、ネット、ゲーム、動画サイト、匿名掲示板……に費やし、まさに時間を「潰《つぶ》す」のである。そんな人生に何の価値も感動もないことは、誰に言われるまでもなく、本心では気がついている。

だが、それを今さらどうこう言ったって仕方がない。資本主義国家という異形の怪物には逆らえないのだ。だから、僕たちは、あってもなくても実は誰も困らない「パイこね式携帯電話」を資本家のために、毎日、時間に追われながらつくり続ける。そして、健康に気をつかい、面倒ごとを避け、今の生活を維持しながら、空いた時間をひたすら潰していく……。そして、気がついたら、もう若くはない。あとはただ、平穏無事に寿命が尽きるのを待つだけ……。ことなかれ主義。人生においてものすごい頂点を望むこともなく、苦痛を耐え忍んで成し遂げるべき目標もなく、何事も起こらずただ一生が流れ去ってほしい……。

こういった人間たちの生き方が、ニーチェが予言した「末人」たちの生き方と何が違うというのだろう。

ニーチェは、そんな末人の不毛な人生を乗り越えるための一つの方策として、超人思想という哲学を提案したのである。だから、何もホントウに超人になれと言っているのではない。実際に超人になれるかどうかは問題ではないのだ。超人を目指そうという「力への意志」、すなわち、「強くなりたい！」「ホントウのこと（真理）を知りたい！」という人間生来の根源的な熱い気持ちを自覚し、それから目を背けずに生きていくことが、末人という状態を乗り越えるために必要だと言っているのだ。

もちろん、「だって、おら人間だから……」とくじけることもあるかもしれない。

でも、それでも「超人になりたい」と願い、そう思い続けること、その思いこそが重要なのである。

超人になりたい。強くなりたい。まっすぐに人生を生きたい。そう素直に願い、それを「神」にも「国家」にも誰にも強制されず、自分で決めて自分で実行して生きる。それ以外に僕たちが満足して生き、満足して死ねるような、そういう人生は決して起こりえないのではないだろうか。

なぜなら、「神」や「道徳」といった既存の価値観は、「神が死んだ世界」に生きる僕たちにとって、もはや生きるべき価値観にはなりえないのだから。

第四ラウンド

存在の『真理』

——存在するってどういうこと？

「そこにモノがある」という当たり前。
その当たり前を考えることで、
哲学、科学、あらゆる学問が始まった。

ある人は、原子や分子が集まって
できたものがモノの正体だと言う。
ある人は、人間の知覚から
でき上がった像がモノの正体だと言う。

だが、そもそも、
「モノがある」の「ある」とは
どういうことなのだろう？

もし、世界が神（第三者）が作り出した
幻影（コンピュータグラフィックス）であり、
それを我々人間が現実だと思い込まされている
だけだとしたら……、そこにあるリンゴは
はたして「存在する」と言えるのだろうか？
そこまで世界を疑ったとき、はじめて
「存在」「あること」の真理の扉が開かれる。

人類最古の問題、「存在」の謎に
果敢に立ち向かった哲学者たちの歴史。

最終章。

ファイナル！

［古代］
存在の根源を求めた男たち
ヘラクレイトス
パルメニデス
デモクリトス

［近代］
存在とはモノ？　それとも知覚？
ニュートン
バークリー

［現代］
「存在する」という最大の謎への挑戦
フッサール
ハイデガー
ソシュール

Philosopher 24

人間嫌いの自然哲学者

ヘラクレイトス

得意技

万物流転説

紀元前 540年頃～紀元前 480年頃
出身地：ギリシア
難解で謎めいた文章（脈絡のない格言風の散文）と気性の激しさから、「暗い哲学者」、または「泣く哲学者」とも呼ばれる。

「存在」は変化する

ヘラクレイトス

僕たちは普段から当たり前のように「そこにリンゴが存在する」と言っている。だが、「存在する」とはいったいどういうことなのだろうか？

そもそも哲学史というのは、紀元前六〇〇年頃、人類史上初の哲学者と呼ばれる**タレス**が「**万物の根源は水である**」と述べたところから始まったと言われている。それはようするに、「石とかリンゴとか、こういう存在（万物）って、そもそも何なの？」

という問題を、僕たち人類が、はるか昔から考え続けてきたということだ。そして、その「存在の問題」について、「たぶん水みたいなものが背後にあるんじゃないのかなあ？　だってどんなものもカラカラに乾いたら、ボロボロになってチリになっちゃうわけだし」とタレスは考えたのである。

そのタレス以後も、「存在の問題」は引き継がれていった。彼の弟子であるアナクシマンドロスは「いや、存在の正体は、実は『無限定な何か』なんだよ」と述べ、さらにその弟子であるアナクシメネスは「いやいや、実は『空気（気息）』が固まってできたものなんだよ」と述べるなど、さまざまな仮説が提示されている。これらのことからわかるように、「存在とは何か？」という問いかけは、人類にとって最も古く、根源的な問題だったのである。

さて、右で述べたタレスたちの仮説は、現代に生きてる僕たちにとっては「全然違うでしょ（笑）」と一蹴できるような幼稚な考えに見えてしまう。だから、もしかしたら、こんなふうに思う人もいるかもしれない。

「まあ仕方ないよね。だって、顕微鏡もない紀元前の昔なんでしょ。そんな時代に

『存在とは何か』なんて、問いかけたところで、わかるはずないよ。考えるだけ無駄さ」

いやいや、実はそんなことはないのである。科学的な知識も道具もいっさいない古代という時代でありながら、哲学者たちは「考えること」だけを武器にして、ついには「現代科学にも通じる画期的な理論」に到達しているのだ。

そして、その最初の第一歩を切り開いたのが、**ヘラクレイトス**（紀元前五四〇年頃—紀元前四八〇年頃）である。彼は、存在についてこう述べた。

「万物は流れ去る」

つまり、「この世界には、永遠不変の存在などありはしない。すべての形あるものは、いつかは壊れ、その形を変えて流れ去っていく」という話だ。

たとえば、硬い石でも叩けば割れるし、仮に割れなくてもその石同士をこすり合わせれば、割れないまでも表面が少しは削れるだろう。少しでも削れるということは、まったく永遠不変であるとはいえない。永遠という長い時間を想定すれば、その石もいつかは壊れて砂になり消え去ってしまうことは自明の理である。

でも、だとすると、「細かい砂」になった石は、その後どうなるのだろうか？

それはやっぱり砂なのだから、大地（土）の一部になるに違いない。だが、よく考えてみると、その大地から木がはえてきてリンゴがなるのである。ということは、リンゴは、あの砕いた石が変化したものであるということになるだろう。


ヘラクレイトスは、こういった観察から「存在は形を変えて、別のものに変化し続ける」という発想にいたったのかもしれない。

彼が偉大だったのは、存在の問題について、「石やリンゴが、何からできているか？」という観点でなく、「それらの存在に共通するものはなんだろう？」というそれまでの哲学者にはないアプローチで挑んだところにある。そして、ヘラクレイトスは「存在」をじっくりと観察し、「万物はすべて変化する」という共通点を見つけ出したのだ。

そして、彼は直観する。石は土になり、土は木になり、木はリンゴになる。それらの変化ははたしてデタラメに起こるのであろうか？　いや違う。そこには、万物共通の何らかのルールがあるはずだ。そう彼は考えたのだ。

彼は、そのルールのことを**ロゴス**（法則）と名づけた。

紀元前の昔、石は石として、リンゴはリンゴとしてしか考えられていなかった時代に、ヘラクレイトスは、石やリンゴを含む存在の正体を「一定の法則に従って変化し続ける『何か』」であると見いだしたのである。

この一歩は、人類にとって間違いなく大きなものであったといえるだろう。

Philosopher
25
名門出身の合理主義者
パルメニデス
得意技
万物不変説

紀元前 515年頃〜紀元前 450年頃
出身地：イタリア
「〈ある〉ということは、どういうことか？」を哲学史上はじめて論理的に追究した。感覚より理性を信じる合理主義の祖といわれる。

「存在」は不変である
パルメニデス

ヘラクレイトスは「万物は変化する」と述べ、その変化は一定の法則（ロゴス）によって支配されていると考えた。

だが、そんなヘラクレイトスの主張に真っ向から反対したのが、彼と同時代を生きた哲学者**パルメニデス**（紀元前五一五年頃—紀元前四五〇年頃）である。

パルメニデスはこう考えた。

「いいや、存在が変化するなんてとんでもない。存在とは、決して変化しない『何か』である」

なぜ、彼は、そんな結論にいたったのだろうか？　そもそも、それまでの哲学者たちは、存在の問題について「感覚的」に考えてきた。実際、最初の哲学者タレスは「万物の根源は水である」と述べたし、アナクシメネスは「空気（気息）である」と述べたわけだが、それらはあくまで、感覚的に「きっと、こうじゃないの？」と好き勝手に言っただけのことである。それはヘラクレイトスも同様で、彼も「存在は変化しているように見えるから」という感覚がその主張の根拠になっている。

だが、感覚というものは、人によってちょっとずつ違うものなのだから、そういう感覚を根拠にしたやり方は、それぞれの哲学者で異なった結論を導き出すことになってしまう。

でも、それじゃあ、ラチがあかない。

そこで、パルメニデスは、感覚ではなく理性を使って、「誰が考えても必ず同じ結論が出るような論理的なやり方」で存在の問題に取り組むべきだと考えた。

彼はこのように述べたと伝えられている。

「存在するものは存在する。存在しないものは存在しない」

そんな当たり前の発言に、当時の人々は、彼の哲学を大笑いしたそうだが、それは逆に言えば「誰もが当たり前だと笑ってしまうぐらい自明なことである」と言うこともできるだろう。彼は、そういう自明だと思えるものを積み重ねていくことが大事だと考えていたのだ。

そして、彼は、こう主張した。

「存在しているものが、存在しなくなることはない。つまり、『有』は、決して『無』にはならないのである」

ちょっとこんなふうに考えてみてほしい。リンゴが一個あったとする。このリンゴをどんどん切り刻んで、小さくしていってみよう。そして小さくしたリンゴの破片も、さらに小さく、小さく、どんどん小さくしていく。

こうして限りなく分割する作業を繰り返していくと、どうなるだろうか？　一つはっきりしているのは**「リンゴの破片をどんなに小さく刻んでも、ただ小さくなるだけで消えてなくなることはない」**ということだ。

これは当たり前のことのように思えるが、実はとても重要な考え方である。だって、感覚的にはリンゴを粉々にすれば「消えたように見える」からだ。だが、理性で考えたら、「いやいや、消えたわけではない。ただリンゴの破片が小さくなっただけだ」という、感覚とは違う結論が出てくる。そして、理性が導き出した方の結論は、万人が納得できる共通の結論であり、感覚に由来した主張よりもよっぽど信じることができるのである。

これと似たような話で、理性的に考えれば、目の前のリンゴが、突然、手品のようにメロンに変わるということもありえないだろう。リンゴはリンゴだからだ。そして、リンゴをどんなに小さく分割しても、それはやっぱり「小さくなったリンゴ」なのだから、それが突然、「小さくなったメロン」に変わることもありえない。

ということは、感覚的には「存在は変化する」ように見えるが、理性的に考えたら、その存在を構成しているものは、決して消えないし、変化しないと考えるのが妥当であるという結論が出てくる。

こんなふうにして、パルメニデスは、**「存在は変化しない」**と考えたのである。

Philosopher 26

博覧強記の笑う哲学者

デモクリトス

得意技 原子論

紀元前460年頃〜紀元前370年頃
出身地：ギリシア
物理学・天文学・心理学など、哲学以外にもさまざまな学問に通じ、「知恵 Sophia」と呼ばれたが、プラトンには否定されることに。

「存在」は原子でできている

デモクリトス

ヘラクレイトスは「存在は変化する」と言い、パルメニデスは「存在は変化しない」と言った。

万物流転vs万物不変。はたしてどちらが正しいのだろう？

なんとなくパルメニデスの主張の方が、感覚によらず理性で考えたのだから、合理的で正しいような気もする。とはいえ、ヘラクレイトスの「万物（存在）とは法則に従って変化し続ける『何か』である」という主張も、とても説得力があるように思える。

この相反する二人の哲学者の主張を引き継いで、古代ギリシア哲学における「存在の問題」を完成させたのが**デモクリトス**（紀元前四六〇年頃―紀元前三七〇年頃）である。

もともとパルメニデスは「リンゴをどんなに分割し続けても、リンゴの破片はどんどん小さくなるだけで、決してなくならない」と考えたわけだが、デモクリトスはその思考をさらに推し進め、「延々と分割し続けていけば、最後にはそれ以上絶対に分割できない粒、『究極の存在』に辿《たど》り着くはずだ」と考えた。そして、デモクリトスはその「究極の存在（絶対に分割できない粒）」に「原子」という名前を与え、その原子が「空虚（空間）」を飛び回り、他の原子と「結合」したり「分離」したりすることで世界ができ上がっているのだという、今までにない画期的な存在理論、**原子論**をつくり上げたのである。

なるほど、そう考えれば「原子（存在）は決して『変化しない』が、その原子が、一定の法則に従って結合したり分離したりすることで、万物が『変化する』ように見

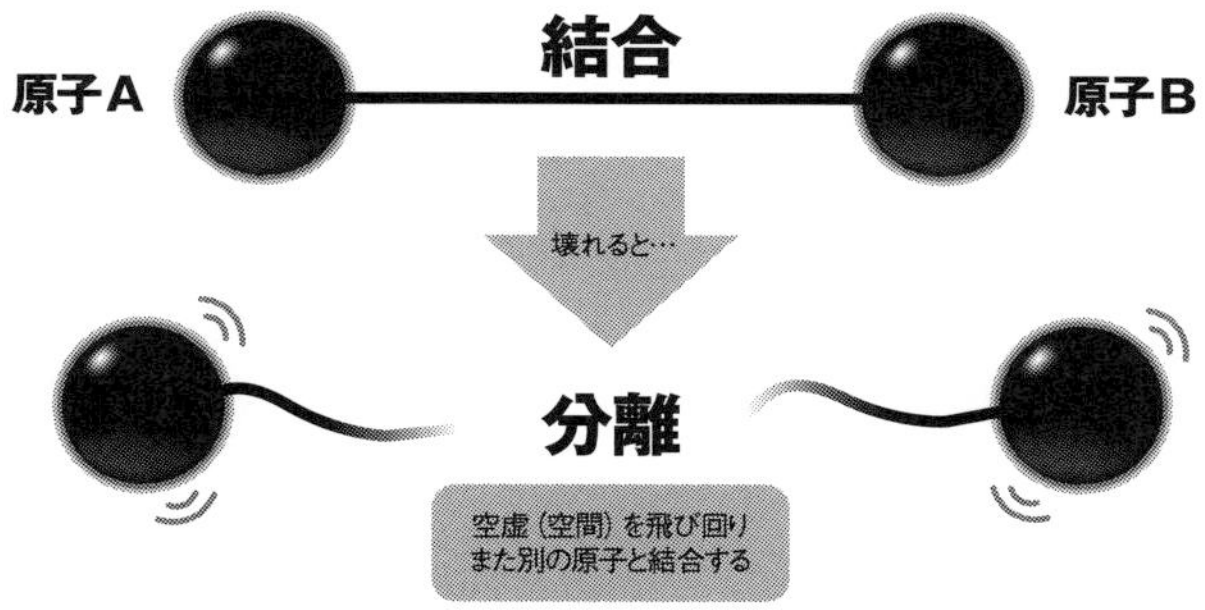

原子が「結合」と「分離」を繰り返し、万物が形成される

える」ということになり、ヘラクレイトスの主張も、パルメニデスの主張も、両方を矛盾なく取り込むことができる。デモクリトスは、原子論という新しいアイデアを提示することにより、対立する二つの主張が同時に成立できることを見事に示したのである（これが弁証法である）。

ちなみに、デモクリトスは、この世界のすべてのものは「原子」という物質で構成されているのだから、人間が死ぬというのは、肉体を構成している原子が単にバラバラになることであり、死後の世界もなんにもありはしない、と「唯物《ゆいぶつ》的世界観」をはっきりと述べた人物でもあった。「だから、生きているうちにいっぱい楽しもうよ」と主張して自ら実践した彼は、「笑う哲学者」というあだ名で呼ばれ、その思想はエピクロスに引き継がれることになる。

さて、古代における「存在の問題」をすべて解決してしまった画期的な原子論であったわけだが、残念なことに紀元前の古代ギリシアには、顕微鏡もなければ化学という学問も存在していなかった。つまり、デモクリトスが、せっかく原子論を唱《とな》えても、それを証明する術《すべ》を誰も持っていなかったのだ。そのため、タレスから始まった「存在とは何か」という探求は、ここでいったん手詰まりとなってしまう。

とはいえ、現代科学にも通じるこれほどの理論を、紀元前の昔に、思考だけでつくり出せたのは、まったくもって奇跡と言う以外にないだろう。

Philosopher 27

近代科学をつくった神様

ニュートン

得意技　ニュートン力学

1642年〜1727年

出身地：イギリス　主著：『プリンキピア』

21歳で「万有引力」「光の分析」「微分積分」の三大発見をしたといわれている。晩年は、「聖書研究」や「錬金術」に没頭。

地上でも天空でも「存在」は同じ法則で動く

ニュートン

紀元前という古代において、デモクリトスが辿り着いた究極の理論「原子論」。だが、その後、科学が発達し、ふたたび原子論が議論されるようになるまで、およそ二〇〇〇年近くの時を要することになる。

なぜ、そんなにも時間がかかったのか？　端的に言ってしまえば、「宗教が世界を支配する迷信の時代」が長く続いたからだ。四〇〇年頃、キリスト教は、ローマ帝国をはじめとするさまざまな国の国教となり、西洋世界において絶大な権威の獲得に成功したわけであるが、このときに教会組織が民衆から書物を奪い取り、「古代」から脈々と続いた「教育」の糸を断ち切ってしまったのである。

ちょっと想像してみてほしい。たとえば、現代において、今から一〇〇年間、本を焼き捨てて学校教育をいっさいやめてしまったとしよう。はたして一〇〇年後の子供たちは、僕らが今使ってる「コンピュータ」や「パイこね式携帯電話」をもう一度つくることができるだろうか？　おそらく、つくれないだろう。教育が途切れれば、文明というものはあっさりと崩壊してしまうのだ。それと同じ文明崩壊が、四〇〇年頃の人類にも起こったのである。

そもそも「古代」という紀元前の時代は、僕たちが思うほど古臭く遅れた時代ではない。この頃、すでに都市には、下水道があったし、公衆浴場もあった。街には、堂々たる巨大な建築物が建ち並び、誰でも公共の図書館に通って自由に学問を学ぶことさえできたのだ。古代人たちは、それほどの機能性を持った大都市に住んでいたのである。

だが、四〇〇年頃、キリスト教が天下を取ってから、たった一〇〇年の間でこれらの都市基盤や建築技術はすべて失われてしまう。先に述べたように、キリスト教組織が、民衆から本と教育を奪い取ったからである。こうして民衆の大半が、文字を読めない状態になってしまい、村で病《やまい》がはやれば「あそこのおばあさんが魔女で、呪いをかけたからだ」と噂《うわさ》が流れて、みんなで押しかけて殺しちゃうくらい、みんな迷信とファンタジーの中で生きるようになってしまった。

これがいわゆる暗黒時代と呼ばれる「中世時代」である。

もちろん、「中世時代＝悪い時代」という図式は一面的な見方であり、中世時代にもいろいろよいところはあったという見方もある。だが、少なくとも、宗教が権力を握った結果として文明が衰《おとろ》えたということは、明らかな歴史的事実であるといえるだろう。

さて、その後、教会組織はどんどん腐敗していき権力が衰えていくわけだが、それにより「古代の学問を取り戻そう！」という運動（ルネサンス）が起こり、「理性的に考えること」が重視されるようになっていく。こうして、人類は、今までの遅れを取り戻すかのように、数学や科学などの学問を急速に発達させていき、「近代」という「理性の時代」へと突入するのである。

万有引力の法則

そして、一七世紀、**科学の神様**と呼ばれる男、**ニュートン**（一六四二年―一七二七年）が登場する。

ニュートンといえば、有名なのが**万有引力の法則**である。万有引力の法則とは、ようするに「二つの物体の間には、物体の質量に比例し、物体間の距離の二乗に反比例する引力が作用する」という法則のことであるが、一般的には、この法則は「リンゴが木から落ちるところをニュートンが見て発見した」と言われている。しかし、どうもこれは後世の人間の作り話で、真実ではないようだ。

というか、まずそもそもニュートンの発見が「リンゴが地面に落ちた！　ということは、リンゴと地球の間には引力（引き合う力）があるんだ！」という単純なことであるならば、別に大したことではないだろう。それくらいだったら、僕らにだって思いつけたかもしれない。

それに、実を言うと、ニュートン以前から科学者たちの間では、地球の「引力」の存在はすでによく知られており、当たり前の常識にすぎなかった。だから、単に「引力がある」なんて言っても、それほど大した発見でもないし、ましてや科学の神様になれるほどではなかったのだ。

では、なぜ彼は、科学の神様になりえたのか？

それは、ニュートンが「リンゴが地球に落ちてくる力」を使って、「月が地球に落ちてこないこと」を説明することに成功したからである。

ちょっと次頁の図を見てほしい。月をただのボールと見立てて思いきり投げるとピユーッと飛んでいくわけだが、そこにもし地球があれば、月もリンゴと同様に「地球との間で発生した引力」に引っぱられることになる。このとき、投げた月の勢いが強ければ、少し引力に引っぱられるだけで月は遠くに飛び去っていくし、勢いが弱ければ、月は地球に激突してしまう。

だが、もしちょうどいい感じの勢いだったらどうだろう。その場合、月は、地球の周りをグルグルと回ることになる。

これは、回るときに発生する遠心力（外側に行こうとする力）と、月と地球の引力

（内側に行こうとする力）がちょうど釣り合うからである。実は、月が地球に落ちてこないで飛び続けている理由とは、たったそれだけのことにすぎなかったのだ。だから、リンゴだって、うまいこと地球に向かって投げつけてやれば、月になりえるのである。

それがわかったときの、当時の人々の驚きを想像してみてほしい。

そもそも、古くから「天空の星々」というものは、神秘的で特別な存在であった。だって、リンゴは木から落ちるが、星は空から落ちてこない。これはもう、「天空は特別で、人間には計り知れない場所だ」と考えるしかないだろう。つまり、天空は、地上とは違う物理法則で支配された別世界だと思われてきたのだ。また、リンゴが地球に落ちるのも

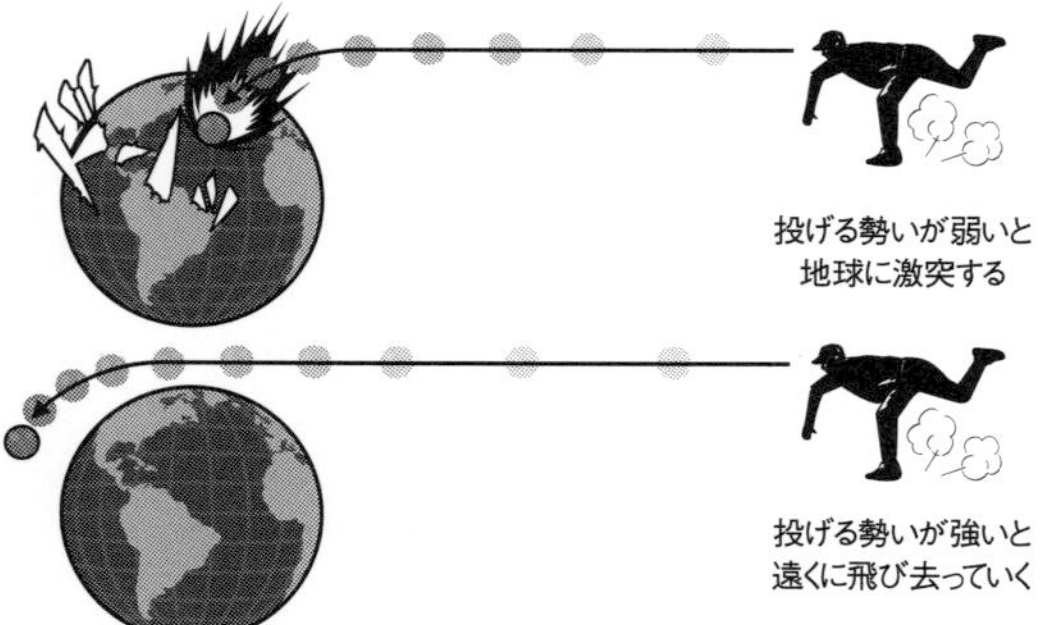
投げる勢いが弱いと
地球に激突する
投げる勢いが強いと
遠くに飛び去っていく

「月」を「でかいリンゴ」として考えることで、「万有引力の法則」は生まれた

「地球は特別な星だから、物体を引っぱる神秘的な力があるのさ」と考える科学者たちも多かった。

だが、ニュートンは、それらを決して特別扱いしなかった。彼は、地球も月も太陽も、すべての天空の星々を、ただ巨大なだけの物体、つまり、「でかいリンゴ」と同じものとして考えたのだ。そして、その天空の星々の運動を「地上と同じ物理法則」で見事に説明したのである。

また、さらに彼は、新しく発明した**微分**という数学を用いて、「あらゆる物体の運動を説明する数式（力学方程式）」を記述するということまでやってのけた。このニュートンの方程式を使えば、リンゴや月や星々を含む、すべての物の運動を予測することができる。

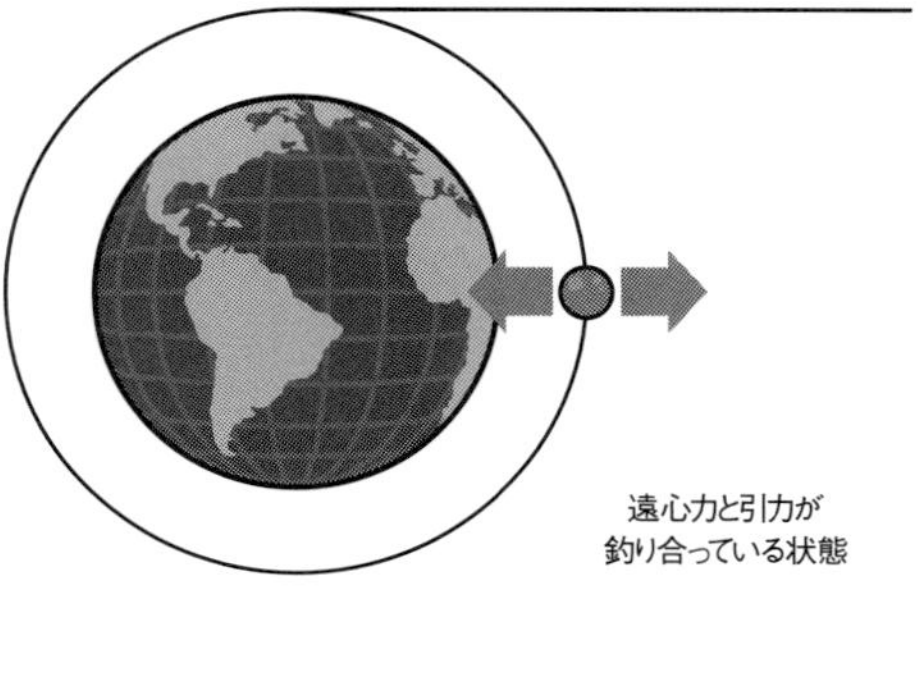

つまり、彼は、「地上の運動」と「天空の運動」をすべて統一的に扱い、予測できる科学の体系をたった一人でつくり上げてしまったのだ。この成果により、ニュートンは「科学の神様」と呼ばれるようになったのである。

Philosopher

28

バークリー

イギリス経験論のエース

得意技 主観的観念論

1685年～1753年
出身地：アイルランド　主著：『人知原理論』
その学説には、「非物質論」「精神主義」などのレッテルが貼られ、時にからかいの対象にも。最後の20年は司教としての日々を送る。

「存在」するとは知覚することである

バークリー

ニュートンの力学体系の完成はとても大きな成果だった。といっても、その後、量子力学という新しい科学理論が現れ、どうも宇宙はニュートン力学のような単純なボールの運動では説明できないらしい、ということがわかり始めるのだが、それはまだ先の話。とりあえず、ニュートン力学で、この世界の大体のことは記述できそうだということになった。

だが、結局のところ、ニュートン力学は、あくまでも「物質がどう動くか」という理論であり、「物質とは何か?」や「そもそも物質が存在するとはどういうことか?」という「存在の問題」について、何か回答を与えてくれるわけではない。

そんなとき、アイルランドの哲学者**バークリー**(一六八五年—一七五三年)が驚くべきことを言いだした。


「存在するとは知覚されることである」


つまり、石やリンゴが存在するのは、「確固たる物質としてそこにあるから存在するのではなく、精神が知覚しているから存在しているのだ」という主張である。これは当時、いや現代においても科学的常識から大きく外れており、多くの反論が巻き起こった。

だが、常識に反するものの言われてみれば、バークリーの哲学は「存在の問題」について非常に的を射ているように思える。

まず、通常、僕たちは、「そこにリンゴという物質がある」から、「リンゴの固さを感じたり、リンゴの赤い色を感じる」と考えている。だが、実際には、リンゴの固さを感じたり、リンゴの赤い色を感じるから、「リンゴがある」と考えているのではないだろうか?

とすると、そこに「リンゴが存在する」というのは、物質の存在が主なのでなく、むしろ「固さや色を感じる知覚」の方が主という考え方もできるだろう。

また、逆に考えて、もし固さも色も感じることのできないリンゴがあったとしたらどうだろう?

たとえばの話、どんな原子にも反応しない「未知の粒子X」があったとする。その粒子Xで構成されたリンゴが、僕たちの世界に重なるように存在していたとして、それを僕たちは「存在する」と呼んでいいのだろうか?

はっきり言って、それらを「存在します」と言うことはできない。だって、そんなものは、明らかに、僕らにとって存在ではないからだ。もちろん、そうは言っても、「いやいや、人間には観測できないだけで、ホントウは存在しているのかもしれないよ!」と反論することも可能である。

だが、そういった「ホントウは存在します」という言い方をしたところで何の意味もない。「観測も証明もできないけど、ホントウは存在します」なんてことを言いだしたって、きりがないのだ。

「もしかしたら、『空が黄色で、雲が真っ赤な世界』もあるかもね。見ることもできないし、証明できないけど」

通常、僕らは、それを「存在する」とは言わないのである。

そうすると、結局のところ、「存在する」という概念の由来は、「物質があること」ではなく、「精神が知覚できること」からきており、僕らの精神の知覚そのものが、存在であると言わざるをえなくなる。

バークリーが、この哲学を述べたとき、世界はすでに物質的世界の実在を素朴《そぼく》に信じていたから、みな衝撃を受け、彼の哲学に大反発した。バークリーは気が狂ってると言う人まで現れたほどである。

でも、僕たちも子供の頃に、こんなことを考えたことはないだろうか？

「自分が部屋から出て行ったとき、まだそこに部屋が存在しているとホントウに言えるんだろうか？」

「3Dゲームのように、自分がぱっと、後ろを振り返ったとき、そこではじめて世界が描かれるんじゃないだろうか？」

「見ることも触ることもできない、どんな原子にも干渉しない物質はあるのだろうか？」

こういった素朴な存在に対する疑問、常識に対する疑いから、バークリーの哲学が始まったのである。

Philosopher

29

フッサール

哲学の根源「現象学」の提唱者

得意技

現象学的還元

1859年〜1938年

出身地：オーストリア　主著：『イデーン』

ハイデガーを自分の後継者と目していたが、哲学的立場の相違が明らかになり決裂。ユダヤ系のため、ナチス政権により大学を追われた。

あらゆる現象はどこから来るのか？

フッサール

「人間の精神（意識）が知覚するから、物質（モノ）が存在する」

そう大胆に主張したバークリーの哲学は、たしかに興味深いものであった。

だが、とはいえだ。僕たちの日常的な感覚に従えば、「いやいや、逆でしょ。物質（モノ）が存在しているから、人間がモノを知覚できるんだよ」とやはり言いたいところである。

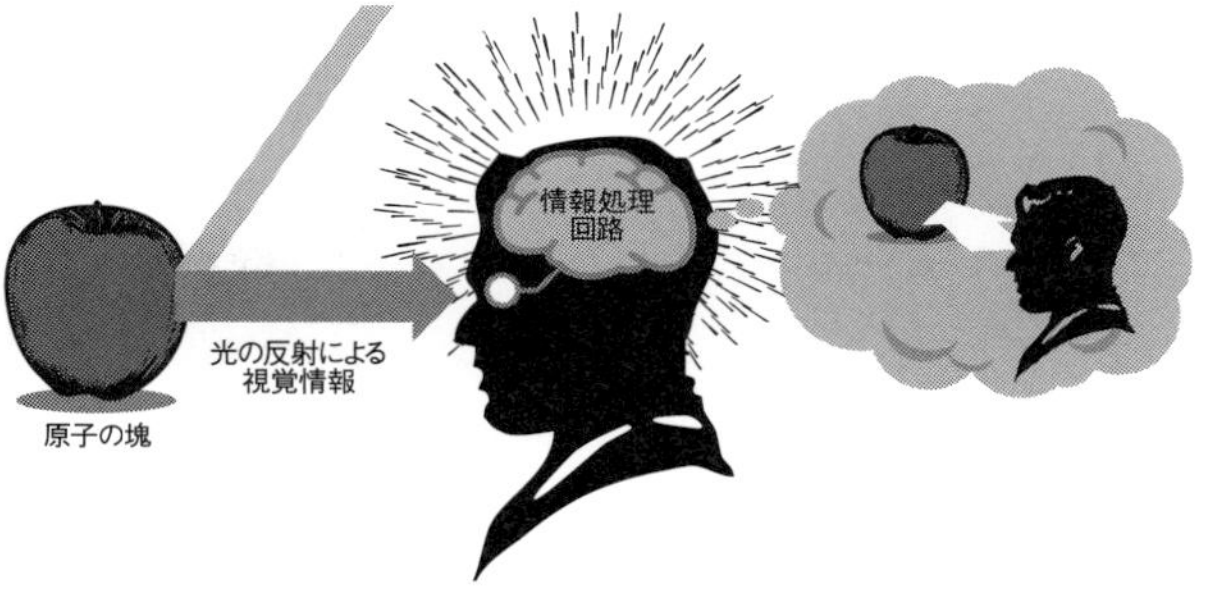

常識的な世界観

なぜなら、基本的に僕たちは上の図のような世界観で物事を捉《とら》えているからだ。

つまり、「原子という物質が漂《ただよ》う、果てしない三次元空間の宇宙。その宇宙で、なんの因果か物質がうまいこと組み合わさり、人間という脳が生まれた。そして、その脳が他の物質を知覚して、リンゴがある、などの判断（情報処理）をしている」という自然科学的な世界観。この世界観に従うなら、人間が知覚しようがしまいが（いやそれどころか、すべての人間が死んで消えてしまおうと）、原子の塊《かたまり》であるリンゴは何の関係もなく世界に存在し続けるに決まっている。なぜなら、原子は、人間とは無関係にただ物理法則に従って、宇宙を漂っているだけだからだ。

僕たちが日常的に慣れ親しんでいるこのような世界観で考えれば、バークリーの哲学は、まった

SF（スコシフシギ）的世界観

く成立しない。やはり彼の哲学は、ただのヨタ話にすぎないように思える。

いやいや、ちょっと待ってほしい。たしかに、今述べた世界観は、とても常識的で妥当なように思える……。でも！　でもである！

それでもあえて、言わせてほしい。上の図が世界のホントウの姿かもしれないじゃないか！

もしかしたら、あなたは交通事故で致命傷を負い、なんとか脳だけが無事に取り出されて、かろうじて水槽の中で生かされているだけかもしれない。そして、脳にはコンピュータが接続されており、そのコンピュータがさまざまな刺激を脳に送り続け、あなたにリンゴの固さや甘さなどを感じさせているだけかもしれない。この場合、当然、リンゴは、僕たちが想像するような客観的な物質として世界には存在

覚めても覚めても「水槽の脳が見ている夢」

していないということになり、むしろバークリーの哲学の方が正しい、という結論になるだろう。

もちろん、こんなSF（スコシフシギ）じみた想定は何の根拠もないし、バカげた話のように思えるかもしれない。でも、それでも「そんなこと絶対にありえない！」と断言することができるだろうか？

オーストリアの哲学者**フッサール**（一八五九年―一九三八年）は、この問題――すなわち「もしかしたら、この世界は、別世界の水槽の脳が見ている夢なのかもしれない」という疑い――について、こう結論づけている。

「そんなことは証明不可能だから、考えるだけ無駄！」

ミモフタモナイ結論であるが、たしかに彼の言うとおりであろう。だって実際の話、「自分は水槽に浮かんでいる脳じゃありません！」と、どうやって証明すればいいのだろうか？　たとえば、仮に「○○だから、△△ゆえに、僕は水槽の中の脳じゃありません！」と何らかの証明を導き出せたとしても、実のところ何の意味もない。なぜなら、別世界の水槽の脳が「そういう証明を導き出して、正しいと思い込んでいる夢を見ているだけ」という可能性があるからだ。また、仮に何かのきっかけで「水槽の中の脳」として目が覚めてしまい、「うわ！　オレ、水槽の中にいるじゃん！　これがホントウの世界だったのか！」とわかったとしても、やはり意味がない。なぜなら、それさえも、「また違う別世界の水槽の脳が見ている夢なのかもしれない」という疑いを晴らすことはできないからだ。

結局のところ、何をどう考えようと、「……と考えてるのは、別世界の脳かもね」と疑うことができるわけだから、原理的に言って、この疑いを解消できる見込みはまったくない。そして、この疑いが解消できないということは、僕たちは、自分の認識を構成している「外側の世界」が、ホントウはどんな姿をしているのかを決して知ることができないということを意味する。

だとするならば、僕たちが常識として当たり前のように持っている確かな世界観

――世界は原子が飛び回っている三次元空間であり、僕たちはその世界の中で生きているという考え方――は、いったい何だというのか？

フッサールは、はっきりとこう言い捨てる。

「そんなのは思い込みにすぎない！」

フッサールに言わせれば、常識的な世界観だろうと何だろうと、真偽を知りようもないのに「こうに違いない！」と確信しているのだから、そんなものは明らかに「思い込み」である。

それはそのとおりなわけだが、でもそうすると、僕たち人類が、何千年もかけて培《つちか》ってきた世界観――つまり、デモクリトスの原子論や、ニュートンの力学体系などの科学理論――もすべて真偽のわからない思い込みにすぎない、ということになってしまう。それはなんとも救いのない話ではないだろうか。

だが、そこでフッサールは、こう叫ぶ。

「いっこうにかまわん！」

たしかに、僕たちは、別世界の水槽の中でプカプカ浮かんでいる脳で、ただ夢を見せられているだけなのかもしれない。そして、僕たちが思い込んでいる「宇宙は原子が飛び回る三次元空間」という世界観は、まったくのデタラメなのかもしれない。でも、人間がどんな世界観や科学理論をつくり出そうと、結局のところ、それらはすべて「脳内」で生じたことである。つまり、脳がどこに置かれていようが――頭蓋骨の中だろうと、別世界の水槽の中だろうと――、「脳の内側（主観的な意識体験の中）」で起こったことになんら変わりはないのだ。だから、その「脳の外側」がどうなっていようが、「そんなことは本来どうでもいいこと」であり、「いっこうにかまわない」のである。

こうした考えから、フッサールは、ある科学理論がホントウに正しいかどうか（脳の外側の客観的な世界とその理論がホントウに整合しているかどうか）よりも、「なぜそういう科学理論が脳の内側に生じたのか」という「起源」の方を問いかけるべきだと主張した。

たとえば、「この世界は、三次元空間である」という科学理論の真偽について、客観的な観点からその真偽は問えない。なぜなら、客観的な存在だと思い込んでいるこの世界自体が、そもそも夢かもしれないからだ。だが、たとえこの世界が夢であろうと、「なぜその夢の中で、僕は『三次元空間の宇宙に生きている』という科学理論を正しいと確信するにいたったのだろう?」という形式の問いであれば、答えを出すことができる。

では、具体的に、僕たちは何から「ある科学理論が正しい」という「確信」を得ているのだろうか?

主観的な意識体験

フッサールは、あらゆる確信はすべて**主観的な意識体験**から始まっていると考えた。ここでいう「主観的な意識体験」とは、ようするに、これ（下の図）である。

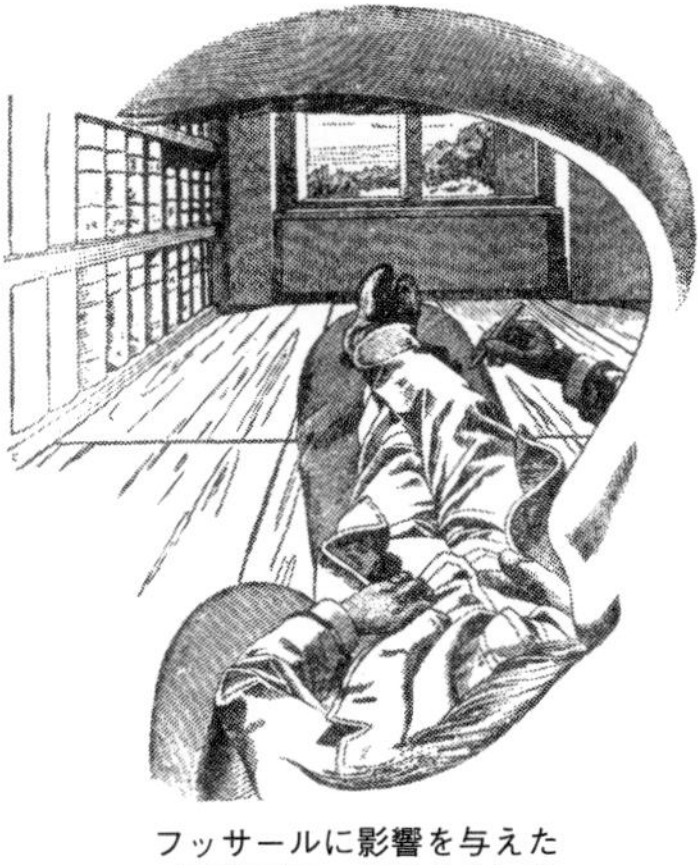

フッサールに影響を与えた
（哲学者マッハによる）絵

この絵は、フッサールの哲学を説明するときによく使われる有名な絵であるが、とにかくはっきりしていることは、僕たちには、この絵のような「主観的な視点」での意識体験が起こっているという事実である。もしかしたら、「この絵のような風景を見ている」という意識体験は、別世界の「水槽の中の脳」が見せられている夢にすぎないかもしれない。しかし、仮に夢であったとしても、「そういう風景を見ている」ということ自体は、揺るぎない真実であり、その風景の体験（主観的な意識体験）に基づいて、「これこれの物理法則に従う世界があるんだ」という確信を得ていることも揺るぎない真実である。

だから、たとえば「この世界は、三次元空間である」という確信はどこから来たのかといえば、風景――すなわち「主観的な視点」での意識体験――において、リンゴなどの赤い丸が、遠近法という一定の法則に従い、大きくなったり、小さくなったりするからだと答えることができる。もちろん、といっても視覚だけではなく触覚など諸々《もろもろ》の感覚を含めての話であるが、とにもかくにも、それらの意識体験がなければ、三次元空間がどうとかそんなことを思いつきもしなかっただろう。

もちろん、その意識体験は夢かもしれないし、僕たちの脳に変なフィルターがかかっていて、「ホントウの世界はぜんぜん三次元空間ではない」かもしれない。でも、

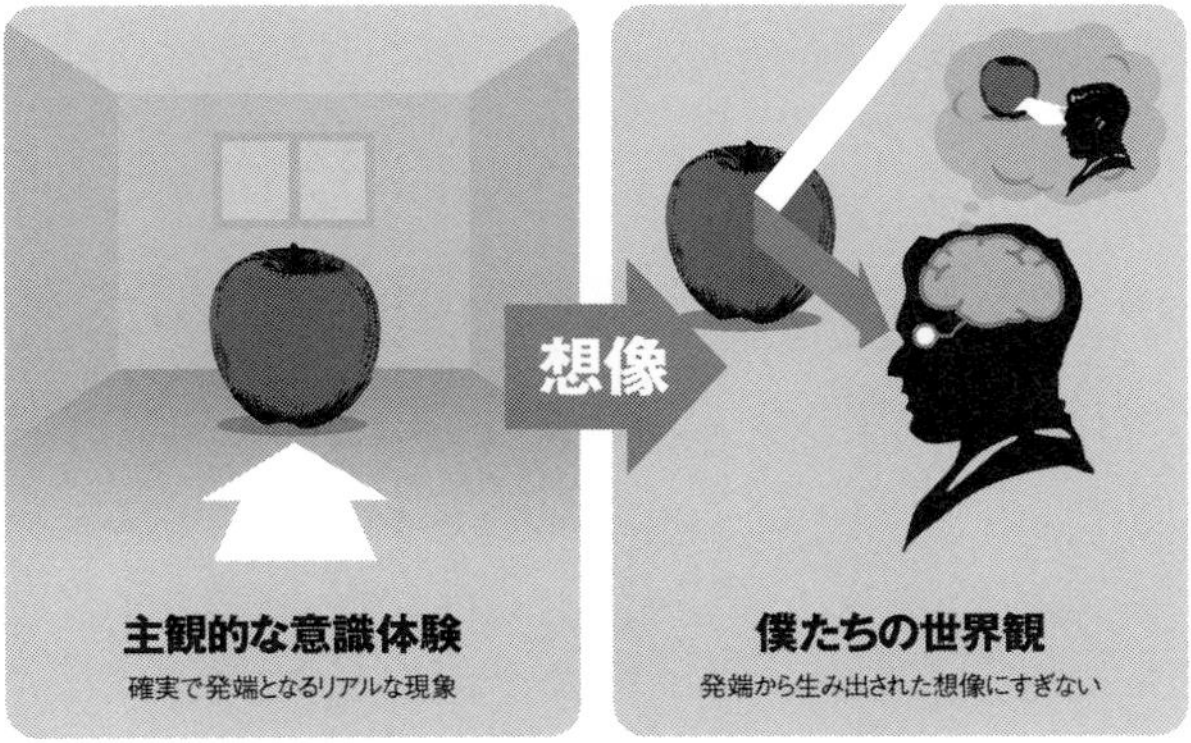

「リンゴがあるからリンゴが見える」のではなく、
「リンゴが見えるからリンゴがある」と思うのだ

少なくとも、「こういう意識体験が僕たちに起こっているから、世界が三次元空間だと思うようになったのだ」ということは、夢だろうと何だろうと真として語ることができるのである。

ここでフッサールが偉大だったのは、こうした思考法に則《のっと》り、いわゆる客観的世界、物理的な世界が実在するという前提を思い込みと断じて、すべてを一から考え直そうとしたことである。そして、フッサールは、僕たちの主観的な意識の上に起こるあらゆる体験を**現象**と名づけ、この現象（意識体験）からどのような思い込み（人間の判断）がつくられているか学問的に捉え直そうと提案し、**現象学**という学問を創設する。

現象学とは、「意識の上に、現に起きて

いることは何か?」という根源的なところから始め、「こういう主観的な意識体験が生じるから、人間はこんな世界観、科学理論を持つにいたったのだ」というふうに、「人間の常識や科学知識」をすべて、意識体験の観点から記述し直すという壮大な試みの学問であった。実際、哲学も数学も物理学も、「なぜそれが成り立っていると言えるのか?」または「なぜそんな考え方が出てきたのか?」も、その源流を辿れば、「だって、僕らには意識体験としてこういうことが起こっているでしょ。だから、そういう学問を考えたんだよ」もしくは「だから、そういう学問が成り立っていると僕たちは判断できるんだよ」と言うことができる。つまり、人間のどんな考えや理論であろうと、「こういう意識体験からこう考えたのさ」という形式に還元することができるのだ(これを現象学的還元という)。

フッサールは、現象学という「意識体験の学問」をあらゆる学問の上流に置き、「すべての学問をこの現象学の立場から説明づけよう」という壮大な計画を打ち立てたのである。

Philosopher
30
存在の謎を解き明かした男
ハイデガー
得意技
存在論

1889年〜1976年
出身地：ドイツ　主著：『存在と時間』
フッサールの後任としてフライブルク大学教授に。ナチスに入党し、その後ろ盾で総長に就任するが、戦後はナチズム支持の罪を問われた。

「存在」とは人間の中で生じるもの
ハイデガー

フッサールは、あらゆる学問の理論を「主観的な意識体験」から記述し直そうという新しい学問、現象学を開設した。それは、とても野心的で優れた試みであり、現在でもこの現象学のファンは多い。

だが、それとは対照的にフッサール自身はあまりパッとしなかった。実際の話、フッサールという哲学者の名前は一般的にはほとんど知られていないと言っていいだろう。また、現象学という画期的な学問の創始者、いわば教祖のような立場であったにもかかわらず、彼の現象学の講義はいつも閑散としており、わずかながら受講している学生たちですらほとんどが寝ながら聞いていたといわれている。どうもフッサールは、生真面目《きまじめ》で、厳密に論を進めるタイプの性格であり、同じことをクドクドと何遍も言う人であったようだ。ようするに、ミモフタモナク言ってしまえば、フッサールは哲学者としては偉大であったが、人間としては退屈で、人を惹《ひ》きつけるカリスマ性がまったくなかったのである。

しかし、彼の弟子は違っていた。彼の弟子は、とてつもないカリスマ性を持っていた。その弟子こそが、現象学の手法を用いて独自の存在論を展開したドイツの哲学者**ハイデガー**（一八八九年―一九七六年）である。

ハイデガーといえば、今日においては「二〇世紀最大の哲学者」として名高いが、彼がすごかったのは何よりもその圧倒的なカリスマ性であった。実際、哲学をまったく知らない人でも、ハイデガーという名前くらいは聞いたことがあるだろう。では、ハイデガーの何がそんなにすごかったのかというと、彼は師匠と違って、雄弁であり、魅惑的に哲学を語る才能に満ちあふれていたことである。

たとえば、ハイデガーは、人間を素直に人間とは言わず、**現存在**とか**世界内存在**と呼んだりする。だから、ハイデガーの本をパッと開いて途中から読むと、「現存在たる世界内存在は、存在論的差異により存在者を存在者たらしめている存在を……」などと書かれており、まったく意味がわからない。それらは、ハイデガーが自分でつくった造語である。だが、耳なれない専門用語が、ガンガン、流暢《りゅうちょう》に飛び回ると、それはそれでとてもかっこいい。

また、彼は、自分の哲学や思想の全貌を人に知られることを極端に嫌っており、結果として、彼は、意味深で思わせぶりな言い方ばかりをしていたようである。そのため、ハイデガーの同僚の哲学者たちですら、「結局、ハイデガーは何を語りたかったのか？」という世間からの問いに対して、「よくわからない」と答えているほどである。しかしながら、彼独特の哲学造語を雄弁に語り、さも、今まさに世界の秘密が解き明かされようとしているかのような緊張感を持って話すハイデガーの講義は大人気となり、学生たちがこぞってつめかけるようになったのである。

「存在」の哲学

そんなカリスマ性を持った彼は、哲学への取り組み方も挑戦的であった。

「哲学は、今まで、人や物事のありようを問いかけてきたが、もっと大事な問いがある。それは『そもそも存在するとはどういうことか?』である」

つまり、哲学はそれまで「リンゴはホントウに存在するのか?」「存在しているリンゴの正体はいったい何か?」と必死に問いかけてきたが、「そもそもリンゴが存在するとはどういうことか?」という根本的な問題について、今までの哲学者たちは見逃していたとハイデガーは言うのだ。そして、そうやって、「既存の哲学はぜんぜん存在についてわかってない」とダメ出しをしたところで、「私は、その存在の秘密を解き明かした」と意味深に述べたのである。

では、ハイデガーはどのように存在について哲学したのだろうか?

彼は、「存在とは人間の中で生じるもの」だと考えた。まず、はっきりしていることは、「存在」とは言葉であるということだ。そして、その「存在」という言葉を使い、「存在とは何か?」と問いかけているのは、明らかに人間である。動物は「存在とは何か?」とは決して問いかけたりはしない。いや、動物が実際に何をどう考えているかは知らないが、少なくとも、「存在」という言葉を使うのは、人間だけである。とすると、つまるところ、「存在とは何か？」という言葉の意味は、「人間にとって存在するとはどういうことか？」という問題に還元されることになる。

だが、ここでよくよく考えてみてほしい。人間はすでに「存在」という言葉を使ってしまっているのだ。ということは、僕たち人間は、「存在」について哲学するまでもなく、「存在」という言葉の意味を最初からなんとなくわかっているということになる。だって、「存在」という言葉の意味がわからなければ、そもそも「存在するのは何か？」という問いかけの文章すら作れないからだ。

そこで、ハイデガーは、まずは僕たちが使ってる「存在」とは、いったい何に由来する言葉であり、ホントウはどんな意味を持つ言葉なのかを問いかける必要があると唱えた。つまり、「存在」について知りたければ、まず人間を知るべきだという論理を彼は展開したのである。

さて、そういったようなことをハイデガーは、かの有名な『存在と時間』という本に書いたわけだが、残念ながら、その本は未完であり、ハイデガーが存在の問題をどう説明するつもりだったのかは、実のところよくわかっていない。実際、その『存在と時間』という本は、「存在を問いかける人間とはいったい何か？」という人間分析を深く進めるあまり、途中から「人間は自らの死を自覚することで人間になる」などの人生論みたいな内容になってしまい、むしろ、ハイデガーの本は「存在哲学」というよりも、「人間哲学」として高く評価されている。また、ハイデガーの本が「存在なき存在論」と揶揄《やゆ》される所以《ゆえん》もここにある。

結局、ハイデガーの著書『存在と時間』は大きな話題を呼んだが、あくまでも上巻のみの刊行であり、存在の謎は明らかにはならなかった。彼によれば、上巻は、あくまでも下巻のための準備作業にすぎず、「下巻では、存在の正体についてあっと驚く転回（ケーレ）を用意している」と意味深に周囲に語っていたといわれている。しかし、下巻は書かれることはなかった。ハイデガーは、いったい何を語る予定だったのか、それは今となっては知るよしもなく、哲学界最大の謎となっている。

Philosopher 31

ソシュール

言語に革命を起こした超天才

得意技　記号論

1857年~1913年
出身地：スイス　主著：『一般言語学講義』
14歳にして処女論文を書くほどの超早熟だが、死後、弟子たちが編纂した『一般言語学講義』以外、存命中は1冊も著書を出版していない。

世界を区別する

ソシュール

では、結局、存在とは何なのだろうか？

その答えの一つとして、スイスの言語学者**ソシュール**（一八五七年―一九一三年）の哲学が参考になるかもしれない。

ソシュールは、代々、学者を輩出してきた名家の出身で、ジュネーヴ大学の言語学の教授である。だが、彼は、それまでの既存の言語学に不満を持っていた。

その当時、言語学は、「ある国の言語は、時間とともにこんなふうに変わっていた」という歴史的な経緯を調べたり、似ている言葉の国の言語同士を比較して共通の祖先を探ったりすることが主流の研究だったのだが、ソシュールは、常々「なんか違うんだよな」と思っていたらしい。

「もっとこう人間と世界のつながりを示すような……、今までにない新しい言語学はつくり出せないものか」

その想いにとりつかれたソシュールは、新しい言語学の発明を目指して、日夜、研究を続けるようになる。だが、一方で、普通の言語学の研究がおろそかになってしまい、学会からは何の成果も認められず、学者としては不遇の人生を送っていたのだった。

そんなある日のこと。ソシュールは、ついに新しい言語学の発明に成功する。そして、彼は、それを大学の講義で、学生たちの前で発表することにした。ちなみに、当時、ジュネーヴ大学は、あまりランクの高い大学ではなかったらしい。地方都市の二流大学といったところだろうか。そのため、当時の学生たちもそれほど出来はよくなかったと言われている。

だから、もしかしたら、学生たちは大したやる気もなく、半分眠そうに講義に参加していたのかもしれない。だが、学生たちは、そのソシュールの講義で驚かされることになる。自分たちと同様、ぱっとせず、学界から大した評価もされていないソシュール先生。そんな彼が、突然、今までに聞いたこともない画期的な言語学の理論を講義で説明し始めたからだ。

だが、そこで悲劇が起こる。ソシュールは、その新理論を学生たちに披露したあと、それを世に問うこともなく、病死してしまったのだ。新しい言語学を求めたソシュールは、最後の最後まで不遇のままで、死んでしまったのである……。

さぁ、どうしよう。どうすればいい。ソシュール先生は、その画期的な言語学を論文としてどこにも発表していなかった。だから、それを聞いて知っているのは、彼の講義を受けた学生たちだけである。ソシュール先生が不遇に甘んじてまでも、生涯をかけて追い求めた学問の成果をこのまま埋もれさせてしまっていいのだろうか……。いや、そんなことは絶対にだめ！　これをこのまま捨て置いたら……、僕たちは、何のために学問の徒として大学に入ったのだろうか！

ソシュールの講義に参加した学生たちは奮起した。彼らは、講義のノートを互いに持ち寄り、みんなで協力して一冊の本を書き上げる。それが『一般言語学講義』という本である。学生たちのつたない解釈にいろいろな矛盾もあり、決して完璧な本というわけではなかったが、ソシュールがどんなアイデアを持っていたかを伝えるには十分であった。そして、その本は瞬《また》く間に反響を呼び……、その結果、彼らが参加したソシュール先生の授業は……、言語学界の「伝説」となる。

こうして、ソシュールは、今日において「近代言語学の祖」と呼ばれる偉大なる言語学者として、歴史に名を残すこととなったのである。

差異のシステム

では、そのソシュールの言語学とは、いったいどのようなものだったのだろうか？

そもそも、ソシュール以前、言語とは「モノに貼り付けられたラベルのようなもの」として理解されてきた。それは、たとえば、現実に存在する「赤くて丸い果物」というモノに対して、「リ・ン・ゴ」と、それに対応する言葉がラベルのようにペタリと貼り付けられている、という考え方である。

だが、ソシュールは、そういったラベル的な言語観を覆《くつがえ》し、次のように新しく言語を定義した。

「言語とは、差異のシステムである」

ここで、差異とは「違い」という意味であるが、本書ではイメージしやすいように、より簡単な言葉で「区別」と言い方を変えてみよう。そうするとこうなる。

「言語とは、区別のシステムである」

この定義からわかるように、ソシュールは「言語とは、何かを何かと、区別するためにある」という新しい言語観を示した。つまり、単純に「赤い何か」をリンゴとして認識したいから、「リンゴという名前」をつけたのではなく、「赤い何か」を「他の存在と区別」したいから「リンゴという名前」をつけた、という捉え方をしたのである。

さてこう聞くとほんの微妙な違いのように思えるかもしれない。結局は、リンゴをリンゴと識別するために、「リンゴ」という名前をつけたんじゃないの、と思うかもしれない。

形は違っていても、すべて石

ここは重要な点なので、もう少し詳しく説明してみよう。

ちょっと、上の絵を見てほしい。

石がたくさん転がっている絵だ。僕たちは、これを見て「たくさんの石だね」と答える。そして、この絵の一つ一つの石について、何か名前を与えたりはしないだろう。「一番左のは、イシス。その隣は、イシコ」なんて名前をつけたりはしない。全部、ひっくるめて、「石（イ・シ）」という名前で呼ぶはずだ。

「一番左のは？」
「石だよ」
「じゃあ、その隣は？」
「それも石だね」

区別する必要があるから、区別する

でも、よく見てほしい。それぞれ、形も違えば、大きさも違う。明らかに同じものは一つもない。でも、僕たちは「どれもこれも同じ石だね」と言って、その違いを無視している。なぜかといえば、そんな違いなんかどうでもいいからだ。つまり、僕たちは、これらの石同士の違いに対して「区別する価値」を見いだしていないのである。そして、「区別する価値」がないから、「区別する必要」もない。

結局、区別の必要がないからこそ、僕たちは、それぞれの石を指し示すための言葉を持たず、「石（イ・シ）」という一つの言葉で済ませているのである。

それでは、上の絵を見てほしい。

いろいろな果物が並べられた絵だ。僕たちは、これを見て「ああ、左から、リンゴ、ミカン、スイカだね」と答える。でも、なぜだろう？　だって、さっきの石の絵のときには、全部ひっくるめて、「ああ、全部、石だね」と答えたはずだ。なぜ、この絵のときは、そうは答えないのだろう？

それは、この絵に並んでいるモノが僕たちにとって、区別するに足る重要なものであるからだ。つまり、「区別する価値がある」のだ。そして、だからこそ、区別する必要があり、それぞれのモノを指し示すための言葉（言語）が発生しているのである。

では、ここに、僕たちとまったく異なる食生活と価値観を持つ「宇宙人」がいたと仮定してみよう。彼らは、人間のように有機物の果物を食べない。そんな彼らに、この果物の絵を見せたとき、どんな反応をするだろうか？

きっと、おそらくは、僕たちが最初に見せられた「石の絵」のような反応をするのではないだろうか？

「ああ、『有機物の塊』がたくさんある絵だね」と。

彼らには、これらの果物（有機物の塊）をリンゴやミカンやスイカとして区別する必要がない。なぜなら、有機物を食さない彼らにとって、それらは「区別する価値」がないからだ。そのため、彼らは、僕らでいうところの「リンゴ」や「ミカン」や「スイカ」に相当する言語を持たない。

日本では区別し、フランスでは区別しない

だから、彼らに「よく見てよ！　あっちは赤いし、こっちは黄色いし、ぜんぜん形も大きさも違うでしょ！」と言ったところで無駄である。そんなのは、僕らでいうところの「石ころ同士の違い」にすぎないのだ。逆に、僕たちだって、石を常食とする宇宙人から、「ほらよく見ろよ！　いろいろな石があるじゃないか！」と言われたって困ってしまうだろう。

さて結局、これらの話からわかることとは、リンゴやミカンなどの言語は、単純に「モノがあるから、それに対応する言語が発生した」のではなく、「区別する価値があるから、その区別に対応する言語が発生した」ということである。つまり、言語とは、「存在をどのように区別したいか」という価値観に由来して発生するものであり、その価値観の違いこそが、言語体系の違いを生み出しているのである。まぁ、ようするに、短くまとめると、

「言語体系の違い＝区別体系の違い（何を区別するかという価値観の違い）」という話だ。

ところで、今、わかりやすく宇宙人という特殊な生命体を持ち出して説明したが、この宇宙人と人間の違いは、同じ人間同士でも起こっている。

たとえば、日本語を使う僕たちは、「蝶《ちょう》」と「蛾《が》」を区別して別々の言葉で表現しており、「蝶」と「蛾」をまったく違った存在として捉えてそれぞれに全然違うイメージを持っている。だが、フランス語圏の人々は、「papillon（パピヨン）」という一つの言葉で表現しており、これを区別していない。

また、「姉」や「妹」という言葉もそうだろう。日本人の場合、「姉」と「妹」を明確に区別しているが、英語圏の人々は、「sister（シスター）」という一つの言葉で、区別せず表現している。だから、英語圏では、自分の妹を紹介するときに「my sister（マイシスター）」と紹介するわけだが、それはすなわち、彼らの価値観においては、その対象が年上の存在か、年下の存在かはあまり重要ではないということだ。日本人であれば、「妹なのかどうか、それこそが重要だ！」ぐらいに、姉か妹か、その区別が重要になっている（おそらく、日本人は、敬語という文化があるため、年上かどうかが重要な情報なのだろう）。

ほかにも、フランス語圏では、「犬」と「狸《たぬき》」を区別せず、「chien」という一つの言葉で表現しているなど、国が違うとモノの区別（名前のつけ方）もガラッと変わっているという事例はいくらでも見つかる。

結局、これらの事例について、「いやいやいや！　全然、違うでしょ！」と異なる言語体系の人に向かって訴えかけても、「ん？　いや、まぁ、違うのはわかるけどさ。別に大した違いじゃないでしょ」とまったくこちらの驚きは伝わらない。

ちなみに、逆のパターンの話をすると、英語圏の人々は、白いウサギと茶色いウサギを厳密に別の言葉で区別しており、それぞれに全然違うイメージを持っているが、日本人からすればどっちも同じ「ウサギ」である。この二種類のウサギについて、「全然、違うでしょ！」と外国人から突っ込まれても、「いや、まぁ、たしかに色は違うけどさ、でもそこが違うだけでしょ？　どっちも同じウサギじゃん」と言ってピンとこないはずだ。なぜなら、僕らと彼らでは、育ってきた文化（価値観の基盤）が違っており、僕たちは僕たちの文化において「何を区別するか」が常識として染みついてしまっているからである。

そして、つまるところ、その「区別の体系（価値の体系）」が、「言語の体系」として目に見える形で表現されているのであり、これこそが、ソシュールが「言語とは、差異（区別）のシステムである」と述べたことの本質である。

存在に価値を見いだされて存在する

さて、このソシュールの言語観を踏まえて、もう少し「存在」について考えてみよう。ソシュールが言うには、僕たち人間は、世界の中から「何かを区別する」ということを行っており、区別として切り出すために「名前」をつけているわけであるが、そもそも、その区別はどこからきたのだろうか？

たとえば、我々は、この世界は原子からできていると思っているが、実際のところ、原子という「確固たる存在」があるわけではない。というのは、原子というのは、次頁の図のように、原子核と電子からできており、「それらをまとめたもの」について、ただ「原子」と名づけているだけだからだ。そして、その原子核も、別に「確固たる存在」ではなく、実は「中性子と陽子」からできており、「それらをまとめたもの」を、ただ「原子核」と呼んでいるだけである。ちなみに、中性子も、「複数のクォーク」からできており、「それらをまとめたもの」を「中性子」と呼んでいるだけであ

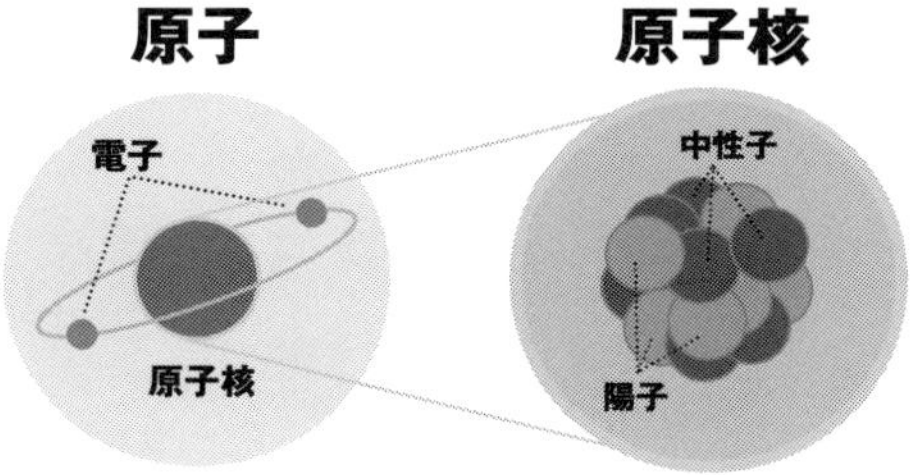

原子も原子核も確固たる存在ではない

る。

ここからわかることは、原子とは、僕たちが素朴にイメージしているような「カチコチのボールみたいな確固たる存在」としてあるわけではなく、実は、単純に「ある要素のひとまとまり」を「原子」という「単位」で「区切った」だけのものであるということだ。

ここで、よくよく考えてみてほしい。その区切り方は、別にどう区切ったってよかったはずだ。たとえば、図X（次頁）のように区切ってもよかったし、図Y（次頁）のように区切ってもよかったはずである。そして、区切ったものに、「要子」でも「小子」でも、何でも好きな名前をつけてもよかったのだ。

もし、そうやって区切りが変わっていたら、「世界」の記述の仕方も変わっていたであろう。もちろん、今の「原子」のような区切り方が、いろいろ便利だったから

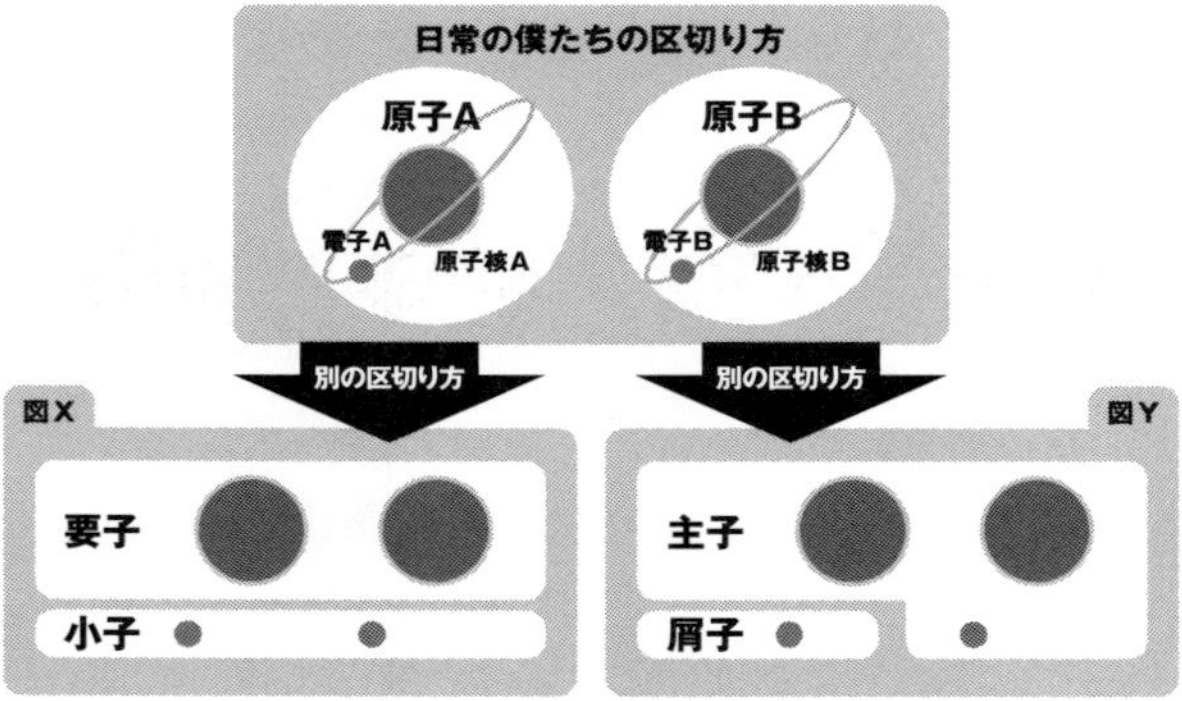

でも、こんなふうに区切ってもよかった

そのように区切ったのだとは言えるかもしれない。だが、それでもやはり「絶対にそう区切らなければいけない必然性」などありはしないのだ。ただ僕たちは子供の頃からの教育として、「そのように区切って認識しましょう」と教え込まれてるから、それ以外の区切り方をしようと思わないだけで、「別の区切り方をする人間や生物」がいたって、別にいいのである。

ちなみに、この区切り方の問題（どこを区切りとするか）は、原子のようなミクロのモノだけの話ではなく、人間や会社や国家など、マクロのモノに対してもまったく同じことがいえる。

たとえば、ある人間の集まりを「家族」と

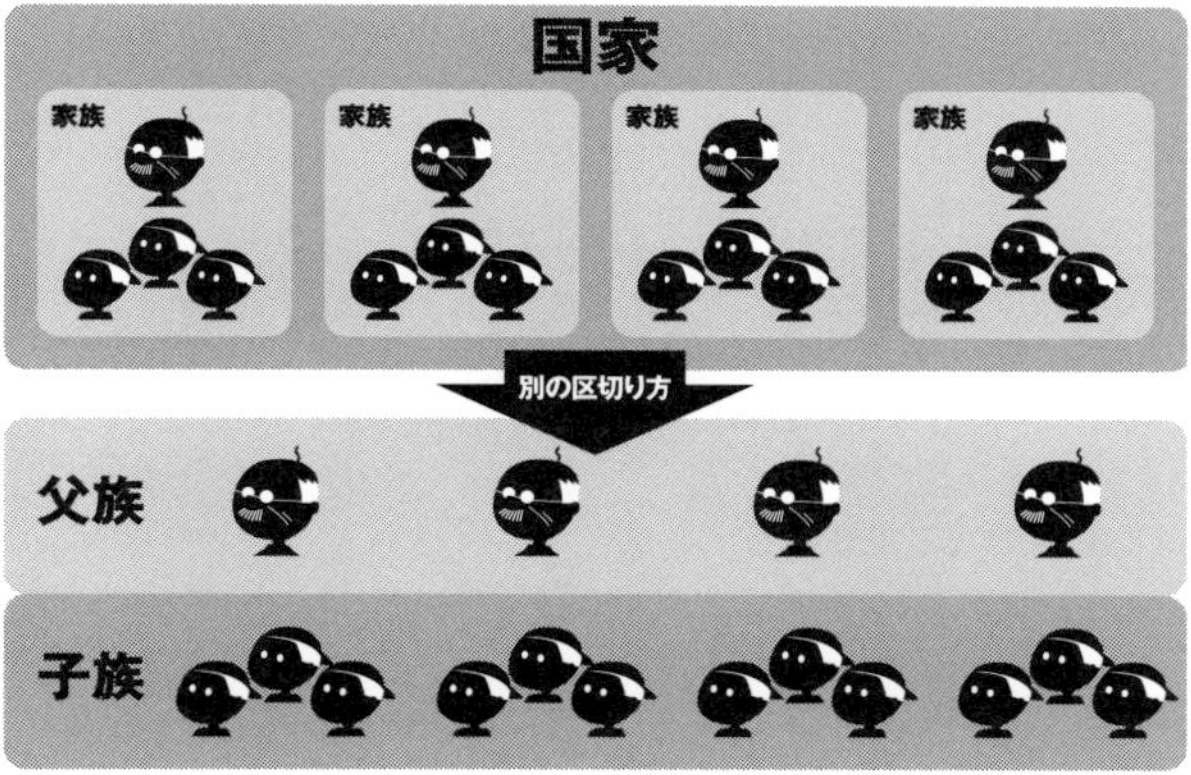

区切り方を変えれば、違う「世界」に…

呼び、ある家族の集まりを「国家」と呼んで、区別をしているが、もっとまったく違う区切り方をしてもよかったのである。もしその区切り方を変えたとしたら……、まったく違った「世界」が姿を現すことになるだろう。

そして、ちょっとこんな想像をしてみてほしい。宇宙の果てから、まったく人間とは違う知性を持った「異形」の何かがやってきたとしよう。たとえば、天空を覆う巨大な異形の怪物が、雲の隙間から恐ろしい目でこちらを睨みつけていたら……、という想定だ。

はたして、その怪物は、僕たちを「人間」だとみなしてくれるだろうか？　いや、もしかしたら、彼は、人間を見ても、ただの「原子の結晶」が転がってるだけと見なすかもしれない（彼には、無機物と有機物を区別する理由がない）。

もし、その怪物が人間をそう見ていたとしたら、おそらく、ウサギもリンゴも、すべて人間と同列の「原子の結晶」と見なして区別することはないだろう。いや、それどころか、「人間」と「石」の区別もしないかもしれない。一方は、ちょっと振動する「原子の結晶」、他方はあまり振動しない「原子の結晶」。その程度の違いにすぎないのだ。そして、その違いは、異形の怪物にとっては本質的な違いではないため、その違いを区別しないのである。

この怪物の視点は、たとえば、僕らが一面の「雪景色」を見るようなものである。どこを向いても、雪、つまり「氷の結晶」でいっぱいという情景だ。だが、よく見れば、風に吹かれて、転がっている「氷の結晶」もあるし、止まっている「氷の結晶」もあるし、ちょっと固まっている「氷の結晶」もあるし、ふわっとなっている「氷の結晶」もある。だが、僕たちは、雪景色のそんな一つ一つの小さな変化など、気にはしない。その小さな変化に、名前をつけて、他と区別しようなどと考えたりはしない。ただ、一面の雪景色、「たくさんの氷の結晶がある」と見なすだけである。

それと同様、空から僕たちの世界をのぞきこむ、この異形の怪物にとっては、人間も、犬も、リンゴも、机も、石も、まったく同じ、ただの「氷の結晶」にすぎない。

そして、彼が、気まぐれで手を伸ばしてその結晶をすくい取り、握り潰《つぶ》して形を変えたとしても……、なんの感慨も起きないだろう。それは、僕らで言うところの、雪をこねて雪玉にするのと同じぐらいの感覚である。そこに「氷の結晶」の死があるだなんて思いもしないのだ。

さて、ここで一つ問題を投げかけよう。この異形の怪物が見ている「世界」と僕たちが見ている「世界」は、ホントウに同じ「世界」なのだろうか？

もちろん、その答えは「世界」という言葉の定義によるだろう。神様のような視点に立つのであれば、この怪物と人間は同じ「世界」の住人であるといえる。だが、それもやはり「神様の視点」、すなわち「怪物と人間を区別できるという前提の視点」に立った場合に見える「世界」の話である。ここで仮に、あくまでも、それぞれの視点に立った場合に見えるものを「世界」と呼ぶのならば、明らかに怪物の「世界」と人間の「世界」は異なっているはずである。なぜなら、怪物の「世界」には、人間もリンゴも石も「存在しない」からだ。

では、なぜ、怪物の「世界」には、人間もリンゴも石も存在していないのか？　それは今までの話で述べてきたように、その怪物は僕たちと「物事の区切り方」、すなわち「何を区別するかという価値観の体系（言語体系）」が違っているからである。ということは、つまり、異なる価値観を持つ両者は、そのそれぞれの価値観に応じて、異なるものが存在する「世界」を見ているのだ、と考えることができる。

そうするとである。「リンゴ」などの「存在」というものは、「リンゴ」という物質があるから存在しているのではなく、リンゴをリンゴとして区別する価値観があってはじめて、そこに存在するのだと言えるのである。だって、その価値観を持っていないものにとっては、「リンゴ」などどこにも存在していないからだ。つまり、「リンゴという区別」をするものがいてはじめて、「リンゴは存在する」のである。

では、もし、「リンゴという区別をするもの」がこの宇宙から完全に消え去ってしまったとしたら、どうなるだろう?

たとえば、僕たちは、基本的に、自分や誰かが死んでも「世界」は何も変わらず、そのまま継続していくのだろうという強い「思い込み」を持っている。だから、目の前にあるリンゴは、自分が死のうが、誰が死のうが、相変わらず、「リンゴとして存在し続けている」はずだと考える。でも、それは、「リンゴ」というものを区別する

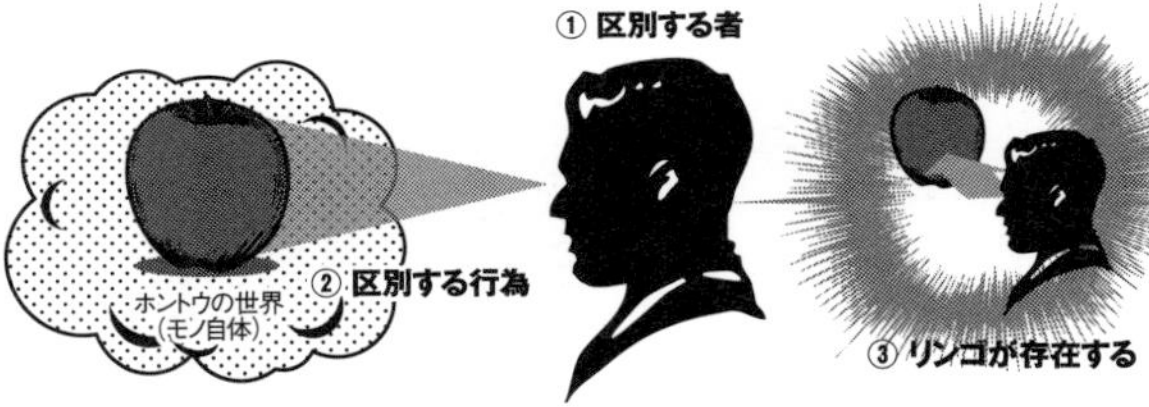

①があってはじめて、③がある。
①がなければ、③もありえない。

存在がまだ残っているから、そうであるにすぎない。もし、スケールを大きくして、その「赤くて丸い有機物」に価値を見いだし区別している種がすべて滅んでしまったとしたら……、もはや、そこには「リンゴ」などというものは存在しない。

したがって、もし人類が滅んでしまった場合には、もはや、僕らが想像しているような「三次元空間に原子が転がっている」という形式で「世界」は継続していないということになる。「三次元空間」や「原子」というものは、人間がつくり出した「区切り」にすぎないからだ。だから、そういった「区切り」をするものがいなくなったとしたら、「三次元空間」も「原子」も存在しない、ただの「のっぺらぼうの一様な連続体――どこにも区切りのない世界、ただの真っ白な雪景色……

何かが存在していると言うこともできない混沌《こんとん》になるのである。

そこからひるがえって言うならば……、もし、あなたに、どうしても譲れない、自分にとって一番大切な「価値のある何か」が存在するのであれば、もしあなたが死んだら、その存在はもはや存在しない。あなたが見ている「世界」とは、あなた特有の価値で切り出された「世界」であり、その「世界」に存在するものはすべて、あなた特有の価値で切り出された存在なのである。

だから、あなたがいない「世界」は、あなたが考えるような「世界」として決して存在しないし、継続もしない。

なぜなら、存在とは存在に「価値」を見いだす存在がいて、はじめて存在するからである。

参考文献

板垣恵介『グラップラー刃牙』『バキ』『範馬刃牙』（秋田書店）
永井均『これがニーチェだ』（講談社現代新書）
入不二基義『足の裏に影はあるか？　ないか？　哲学随想』（朝日出版社）

あとがき

『史上最強の哲学入門』いかがだったでしょうか。
すべてを書き終えた著者としては、次のような気分です。

史上最強の哲学議論大会！
終了おおおおぉぉぉぉぉっぉぉぉ！
二度とッ！　二度とこんな大会は見られないでしょうッッ！

三一人にもわたる哲学者たちの議論は――
ただの一議論とて凡庸な議論はありませんッ！
すべての議論が大議論ッッ！
すべての問答が名問答ッッ！
そして**すべての哲学者が……ッッ　イカしてたァッッ!!**

現代社会において「哲学する」ということが、
あるいは「無意味」との声もあるでしょう！
しかしすべてを賭けて真理を探究する哲学者の人生の――
己の論理が通じず敗北を受け入れる哲学者の苦悩の――

傷つきひらめきを手にしたときの哲学者の表情の——

そのどれもが我々の『何か』を突き動かさずにはおきませんッッ!

『哲学』しようとする姿は、かくも美しい!
『考える』ことは美しい!
『思う』ことはスバラシイ!
アリガトウ哲学者ッッ
フィロソフィー イズ ビューティフル!!

以上のような感じで、完全燃焼で満足のいく入門書を書き上げることができたと思っています。

週刊連載の人気漫画家として超多忙にもかかわらず、カバーイラストを快く引き受けてくださった板垣恵介先生に感謝と敬意を表します(『バキ』がいかに哲学的に優れた作品であるかを語れたのは一生の思い出です)。

また、「表紙は『バキ』がいいです!」とのわがままを聞いてくださった単行本時の担当の園田氏に感謝いたします(板垣先生に会いに行ったときは、まさに「オリバに会いに行った園田氏の気分」でしたね)。文庫版の担当をしてくださった稲村氏にも感謝。そして、最後にこの本を次男とジャック・ハンマー氏に捧げます。

本書は『史上最強の哲学入門』（二〇一〇年五月、マガジン・マガジン刊）の文庫化です。

本文デザイン協力、図解イラスト・山田益弘

史上最強《しじょうさいきょう》の哲学入門《てつがくにゅうもん》

二〇一五年一一月二〇日　初版発行
二〇二五年　六　月三〇日　44刷発行

著　者　飲茶《やむちゃ》
発行者　小野寺優
発行所　株式会社河出書房新社
〒一六二－八五四四
東京都新宿区東五軒町二－一三
電話〇三－三四〇四－八六一一（編集）
〇三－三四〇四－一二〇一（営業）
https://www.kawade.co.jp/

ロゴ・表紙デザイン　粟津潔
本文フォーマット　佐々木暁
印刷・製本　中央精版印刷株式会社

Printed in Japan　ISBN978-4-309-41413-3

道徳は復讐である　ニーチェのルサンチマンの哲学

永井均　40992-4

ニーチェが「道徳上の奴隷一揆」と呼んだルサンチマンとは何か？　それは道徳的に「復讐」を行う装置である。人気哲学者が、通俗的ニーチェ解釈を覆し、その真の価値を明らかにする！

なぜ人を殺してはいけないのか?

永井均／小泉義之　40998-6

十四歳の中学生に「なぜ人を殺してはいけないの」と聞かれたら、何と答えますか？　日本を代表する二人の哲学者がこの難問に挑んで徹底討議。対話と論考で火花を散らす。文庫版のための書き下ろし原稿収録。

集中講義　これが哲学！　いまを生き抜く思考のレッスン

西研　41048-7

「どう生きたらよいのか」——先の見えない時代、いまこそ哲学にできることがある！　単に知識を得るだけでなく、一人ひとりが哲学するやり方とセンスを磨ける、日常を生き抜くための哲学入門講義。

ロベスピエール／毛沢東　革命とテロル

スラヴォイ・ジジェク　長原豊／松本潤一郎〔訳〕　46304-9

悪名たかきロベスピエールと毛沢東をあえて復活させて最も危険な思想家が〈現在〉に介入する。あらゆる言説を批判しつつ、政治／思想を反転させるジジェクのエッセンス。独自の編集による文庫オリジナル。

アンチ・オイディプス　上・下　資本主義と分裂症

G・ドゥルーズ／F・ガタリ　宇野邦一〔訳〕　46280-6　46281-3

最初の訳から二十年目にして“新訳”で贈るドゥルーズ＝ガタリの歴史的名著。「器官なき身体」から、国家と資本主義をラディカルに批判しつつ、分裂分析へ向かう本書は、いまこそ読みなおされなければならない。

差異と反復　上・下

ジル・ドゥルーズ　財津理〔訳〕　46296-7　46297-4

自ら「はじめて哲学することを試みた」著と語るドゥルーズの最も重要な主著、全人文書ファン待望の文庫化。一義性の哲学によってプラトン以来の哲学を根底から覆し、永遠回帰へと開かれた不滅の名著。

千のプラトー　上・中・下　資本主義と分裂症

G·ドゥルーズ／F·ガタリ　宇野邦一／小沢秋広／田中敏彦／豊崎光一／宮林寛／守中高明〔訳〕 46342-1 46343-8 46345-2

ドゥルーズ／ガタリの最大の挑戦にして、いまだ読み解かれることのない二十世紀最大の思想書、ついに文庫化。リゾーム、抽象機械、アレンジメントなど新たな概念によって宇宙と大地をつらぬきつつ生を解き放つ。

ディアローグ　ドゥルーズの思想

G·ドゥルーズ／C·パルネ　江川隆男／増田靖彦〔訳〕 46366-7

『アンチ・オイディプス』『千のプラトー』の間に盟友パルネとともに書かれた七十年代ドゥルーズの思想を凝縮した名著。『千のプラトー』のエッセンスとともにリゾームなどの重要な概念をあきらかにする。

哲学とは何か

G·ドゥルーズ／F·ガタリ　財津理〔訳〕 46375-9

ドゥルーズ＝ガタリ最後の共著。内在平面―概念的人物―哲学地理によって哲学を総括し、哲学―科学―芸術の連関を明らかにする。限りなき生成／創造へと思考を開く絶後の名著。

哲学の教科書　ドゥルーズ初期

ジル·ドゥルーズ〔編著〕　加賀野井秀一〔訳注〕 46347-6

高校教師だったドゥルーズが編んだ教科書『本能と制度』と、処女作「キリストからブルジョワジーへ」。これら幻の名著を詳細な訳注によって解説し、ドゥルーズの原点を明らかにする。

ドゥルーズ・コレクション I　哲学

ジル·ドゥルーズ　宇野邦一〔監修〕 46409-1

ドゥルーズ没後20年を期してその思考集成『無人島』『狂人の二つの体制』から重要テクストをテーマ別に編んだアンソロジー刊行開始。1には思考の軌跡と哲学をめぐる論考・エッセイを収録。

ドゥルーズ・コレクション II　権力／芸術

ジル·ドゥルーズ　宇野邦一〔監修〕 46410-7

『無人島』『狂人の二つの体制』からのテーマ別オリジナル・アンソロジー。フーコー、シャトレ論、政治的テクスト、芸術論などを集成。ドゥルーズを読み直すための一冊。

ニーチェと哲学

ジル・ドゥルーズ　江川隆男〔訳〕　46310-0

ニーチェ再評価の烽火となったドゥルーズ初期の代表作、画期的な新訳。ニーチェ哲学を体系的に再構築しつつ、「永遠回帰」を論じ、生成の「肯定の肯定」としてのニーチェ／ドゥルーズの核心をあきらかにする著。

フーコー

ジル・ドゥルーズ　宇野邦一〔訳〕　46294-3

ドゥルーズが盟友への敬愛をこめてまとめたフーコー論の決定版。「知」「権力」「主体化」を指標にフーコーの核心を読みときながら「外」「襞」などドゥルーズ自身の哲学のエッセンスを凝縮させた比類なき名著。

喜ばしき知恵

フリードリヒ・ニーチェ　村井則夫〔訳〕　46379-7

ニーチェの最も美しく、最も重要な著書が冷徹にして流麗な日本語によってよみがえる。「神は死んだ」と宣言しつつ永遠回帰の思想をはじめてあきらかにしたニーチェ哲学の中核をなす大いなる肯定の書。

ピエール・リヴィエール　殺人・狂気・エクリチュール

M・フーコー編著　慎改康之／柵瀬宏平／千條真知子／八幡恵一〔訳〕　46339-1

十九世紀フランスの小さな農村で一人の青年が母、妹、弟を殺害した。青年の手記と事件の考察からなる、フーコー権力論の記念碑的労作であると同時に希有の美しさにみちた名著の新訳。

ドゥルーズ　経験不可能の経験

ジャン＝クレ・マルタン　合田正人〔訳〕　46384-1

ドゥルーズの薫陶をうけた哲学者がその諸概念を横断しながら、ドゥルーズ哲学のエッセンスをとりだすあざやかな名著。文庫版で初訳。日本語版のみ「ドゥルーズとグァタリ」収録。

服従の心理

スタンレー・ミルグラム　山形浩生〔訳〕　46369-8

権威が命令すれば、人は殺人さえ行うのか？　人間の隠された本性を科学的に実証し、世界を震撼させた通称〈アイヒマン実験〉――その衝撃の実験報告。心理学史上に輝く名著の新訳決定版。